Bibliothèque nationale de France

Direction des collections

Département Littérature et Art

Bibliothèque nationale de France – Paris

Direction des Collections

A l'exception des reproductions effectuées pour l'usage privé du copiste, les œuvres protégées par le code de la propriété intellectuelle ne peuvent être reproduites sans autorisation de l'auteur ou de ses ayants droit.

Dans l'intérêt de la recherche les utilisateurs de la présente microforme sont priés de signaler au département de la Bibliothèque nationale de France qu'ils entreprendraient et publieraient à l'aide de ce document.

LES
CAVALIERS
DE LA
NUIT

PAR

LE VICOMTE PONSON DU TERRAIL

Auteur de

La Tour des Gerfauts, les Tonnes d'Or, Diane de Lancy.

IV

PARIS
L. DE POTTER, LIBRAIRE-ÉDITEUR
RUE SAINT-JACQUES, 38.

LES
CAVALIERS DE LA NUIT
Deuxième Partie
LES MARCHES D'UN TRONE

SUITE DES NOUVEAUTÉS EN LECTURE
DANS TOUS LES CABINETS LITTÉRAIRES

La dernière Fleur d'une Couronne, par madame la comtesse Dash. 3 vol. in-8.
Madame de la Chanterie et l'Initié, par H. de Balzac. 3 vol.
Laurence de Montmeyllan, par Molé Gentilhomme. 6 vol. in-8.
Le Garde-chasse, par Élie Berthet. 3 vol. in-8.
Le Beau Laurent, par P. Duplessis, aut. des *Boucaniers*. 4 v. in-8.
La chute de Satan, par Auguste Maquet. 6 vol. in-8.
Rigobert le Rapin, par Charles Deslys, auteur de la *Mère Rainette*, etc., etc. 4 vol. in-8.
Le Guetteur de Cordouan, par Paul Foucher. 3 vol. in-8.
La Chasse aux Cosaques, par Gabriel Ferry. 5 vol. in-8.
Le Comte de Lavernie, par Auguste Maquet. 4 vol. in-8.
Montbars l'Exterminateur, par Paul Duplessis. 5 vol. in-8.
Un Homme de génie, par madame la comtesse Dash. 3 vol. in-8.
Le Garçon de Banque, par Élie Berthet. 2 vol. in-8.
Les Lorettes vengées, par Henry de Kock. 3 vol. in-8.
Roquevert l'Arquebusier, par Molé-Gentilhomme. 4 vol. in-8.
Mademoiselle Bouillabaisse, par Ch. Deslys. 3 vol. in-8.
Le Chasseur d'Hommes, par Emmanuel Gonzalès. 2 vol. in-8.
L'Usurier sentimental, par G. de la Landelle. 5 vol. in-8.
L'Amour à la Campagne, par Maximilien Perrin. 5 vol. in-8.
La Mare d'Auteuil, par Ch. Paul de Kock. 10 vol. in-8.
Les Boucaniers, par Paul Duplessis. 3 vol. in-8.
La Place Royale, par madame la comtesse Dash. 5 vol. in-8.
La marquise de Norville, par Élie Berthet. 5 vol. in-8.
Mademoiselle Lucifer, par Xavier de Montépin. 5 vol. in-8.
Les Orphelins, par madame la comtesse Dash. 5 vol. in-8.
La Princesse Paillauet, par le baron de Bazancourt. 5 vol. in-8.
Les Folies de jeunesse, par Maximilien Perrin. 3 vol. in-8.
Livia, par Paul de Musset. 5 vol. in-8.
Bébé, ou le Nain du roi de Pologne, par Roger de Beauvoir. 3 vol. in-8.
Blanche de Bourgogne, par Madame Dupin. 2 vol. in-8.
L'heure du Berger, par Emmanuel Gonzalès. 2 vol. in-8.
La Fille du Gondolier, par Maximilien Perrin. 2 vol. in-8.
Minette, par Henry de Kock. 5 vol. in-8.
Quatorze de dames, par Madame la comtesse Dash. 5 vol. in-8.
L'Auberge du Soleil d'or, par Xavier de Montépin. 4 vol. in-8.
Débora, par Méry. 5 vol. in-8.
Les Coureurs d'aventures, par G. de la Landelle. 5 vol. in-8.

(Pour la suite des Nouveautés, demander le Catalogue général qui se distribue gratis).

LES
CAVALIERS
DE LA
NUIT

Deuxième Partie

LES MARCHES D'UN TRONE

PAR

LE VICOMTE PONSON DU TERRAIL

Auteur de
La Tour des Gerfauts, les Tonnes d'Or, Diane de Lancy.

IV

Avis. — Vu les traités internationaux relatifs à la propriété littéraire, on ne peut réimprimer ni traduire cet ouvrage à l'étranger, sans l'autorisation de l'auteur et de l'éditeur du roman.

PARIS

L. DE POTTER, LIBRAIRE-ÉDITEUR

RUE SAINT-JACQUES, 58.

1855

SCÈNES DE LA VIE DE CAMPAGNE

LES

PAYSANS

PAR H. DE BALZAC

Les *Paysans*, on le sait, forment une des grandes catégories dont la réunion devait compléter l'œuvre immense entreprise par l'illustre romancier sous le titre de la *Comédie Humaine*. L'idée dominante de cette magnifique étude est l'antagonisme profond qui sépare le *paysan* du *bourgeois*. Idée féconde, éminemment dramatique où se développent, dans des scènes d'un intérêt puissant, des caractères dont la vérité, la profondeur, l'originalité saisissante, rappellent les plus hautes créations du grand écrivain. Ainsi les personnages de Fourchon, de Michaud, de la Mouche, de la Péchina, l'étrange et horrible famille des Tonsard, la curieuse et effrayante figure de Rigou; variété d'avare dont le type égale, s'il ne les surpasse, les types devenus si populaires de Grandet et de Gobseck, font de cette œuvre une des plus complètes et des plus intéressantes qui soient sorties de la plume de Balzac.

ROBERT LE RESSUSCITÉ

PAR

MOLÉ-GENTILHOMME ET CONSTANT GUÉROULT

Le public, vivement impressionné par le succès des derniers livres de MM. Molé-Gentilhomme et Constant Guéroult, attendait avec impatience l'œuvre nouvelle que nous annonçons sous ce titre. Cette attente n'a pas été trompée. Jamais roman historique n'avait réuni à un plus haut degré les éléments qui font la valeur de ces sortes de compositions. *Robert le Ressuscité* est un tableau dramatique et saisissant de la France sous Charles V. Les scènes de routiers, bizarres et hardies, s'y mêlent heureusement à de gracieux paysages et à une intrigue d'amour des plus attendrissantes. Les types de Robert et de Raoul de Fenestrange, ceux de Clochepain, du jeune page Lorenzino et d'Aïssa la Candiote, resteront comme des modèles de noblesse, de vrai comique, de passion et d'énergie. On reconnaît dans cet ouvrage la touche vigoureusement accentuée des deux écrivains qui ont écrit *Roquecert l'Arquebusier*, ce roman dont le succès prodigieux, constaté par des reproductions sans nombre et par des traductions dans presque toutes les langues, doit être compté parmi les plus solides et les plus réels de la librairie moderne.

CHAPITRE NEUVIÈME

IX

Cette femme, dont la voix était si douce et persuasive comme une voix d'enfant, devait avoir un charme d'attraction bien puissant, car don Paëz se laissa entraîner sans résistance à travers plusieurs salles non moins splendides que celles qu'il avait parcourues déjà, toutes jonchées de fleurs, d'arbustes rares, de statues de marbre ou de bronze d'un merveilleux travail, ayant çà et là des trophées d'armes admirables de trempe et de ciselure, des divans aux riches étoffes, des dressoirs sur lesquels s'étalaient pêle-mêle des coupes d'or aux fines sculptures, des aiguières travaillées à jour, — richesses sans prix qui sortaient alors du burin des orfèvres arabes, les plus habiles de l'univers.

Mais don Paëz était fasciné, et il vit à peine tout cela.

La princesse s'arrêta enfin à un petit boudoir dont elle ferma la porte sur elle, après que notre héros fut entré.

Ce boudoir était une merveille : le luxe oriental et le luxe européen s'y donnaient la main avec un goût exquis. Des trésors d'élégance y étaient accumulés. C'était un paradis de Mahomet en miniature, créé tout exprès pour une femme, et qu'une femme seule pouvait habiter.

Là, bien plus qu'ailleurs encore, il y avait des fleurs, des parfums et des fruits; le paysage qu'on apercevait des croisées était plus riche, plus fertile, plus coquettement capricieux que tout ce que dont

Paëz avait déjà vu pendant son repas.

Le lac murmurait en bas, la brise entrait et agitait vaguement le feuillage des citronniers; deux belles colombes d'une éblouissante blancheur, réveillées par l'arrivée de leur maîtresse qui tenait un flambeau à la main, allongèrent leur cou gracieux et se becquetèrent en roucoulant.

Autour de don Paëz, à cette heure, tout parlait d'amour et de poésie, tout l'éloignait des arides calculs de l'ambition.

La princesse fit asseoir le colonel des gardes sur une ottomane placée auprès de la croisée, et se mit près de lui : elle prit dans ses blanches mains ses mains nerveuses et aristocratiques, fixa sur lui son grand œil noir, et, de cette voix de sirène qui avait le privilége de l'émouvoir et de le troubler au degré suprême, elle psalmodia, plutôt qu'elle ne prononça, les paroles suivantes :

— Tu n'as donc jamais aimé, don Paëz? Jamais deux yeux de femme n'ont-ils rencontré tes yeux ; jamais deux lèvres roses n'ont-elles rencontré les tiennes ; jamais cœur effaré et timide n'a donc battu précipitamment sur le tien ? Vous êtes donc insensible et froid comme le marbre où nous sculptons nos statues.

ô mon beau cavalier au large front et à la lèvre dédaigneuse, usé et sceptique déjà comme cette vieille horloge qui respire auprès de nous et qui ne ralentirait ni ne presserait une seule de ses pulsations, même, si la destinée du monde dépendait d'une seconde? — Tu marches donc, impie! solitaire et le front haut, le sourire de l'orgueil aux lèvres et le vide du désespoir au cœur, sur le sable brûlant de la vie, sans jeter un regard d'envie à ces voyageurs moins pressés et plus sages qui s'arrêtent une heure au bord d'une fontaine, à l'ombre d'un sycomore et s'y reposent aussi longtemps que le sycomore a d'ombre et la fontaine d'eau jaillissante et fraîche ? Où vas-tu donc, ô marcheur infatigable, sans te préoccuper des fleurs et des cœurs que tu foules sous ton pied d'airain, des parfums que tu dédaignes, des brises qui passent près de toi murmurantes et rafraîchies et auxquelles il te serait si facile d'exposer quelques minutes ton front brûlant.

— Tiens, don Paëz, écoute ce lac qui nous berce d'une chanson sans fin, ce vent qui bruit dans le feuillage ; regarde ces coteaux verts, ces prairies en fleurs sur lesquels la lune épand ses sourires, aspire les parfums qui nous montent sur l'aile des brises, de ces jardins aux dédales sans nombre, aux bosquets ombreux et discrets qui ne révèlent rien des mystères qu'on leur confie... Et puis, don Paëz, réfléchis et demande-toi si l'homme qui vivrait ici, sa main dans ma main, ayant pour talisman mon sourire, pour étoile mon regard, pour éternelle occupation mon amour...

Et, en prononçant ces mots, l'enchanteresse était belle comme femme ne le fut jamais.

— Demande-toi, don Paëz, si cet homme aurait quelque chose à envier même à une héritière de maison royale...

Don Paëz tremblait et essayait de parler ; l'émotion lui clouait la gorge.

— O don Paëz, continua-t-elle, il y a bien longtemps que je l'aime ; et un être moins égoïste et moins froid que tu n'es l'eût deviné dès la première heure où il m'eût vue. Tu ne l'as point compris, toi, don Paëz ; tu m'as outragée, au contraire tu m'as traitée de Bohémienne et de mendiante ; et tu ne savais pas, insensé, que je suis la fille de dix générations de rois et que je suis plus riche, à moi seule, que tous les hidalgos d'Espagne. Oh ! je te pardonne ton outrage, l'amour est aveugle, et je t'aime... je t'aime depuis un certain jour, — il y a bien longtemps de cela, — depuis un certain soir où, poursuivie dans les rues de Madrid par les alguazils de la Sainte-Hermandad qui me voulaient traîner au bûcher, je te vis accourir à mon aide, refouler les alguazils à coups de rapière, puis, me prendre dans tes bras, m'emporter à travers les ruelles sombres pour dépister mes persécuteurs, et me jeter enfin au porche d'une église en me laissant ta bourse, et me disant : Si l'on te poursuit de nouveau, réclame-toi de moi et demande à voir don Paëz, le page favori du roi. Il y a douze ans de cela, j'étais une enfant, tu étais un homme déjà ; mais un homme aimant et croyant, un homme dont le cœur était vierge et plein de nobles aspirations... tu es un vieillard, maintenant !

Don Paëz bondit sur ses pieds, son regard s'alluma soudain, sa voix jaillit, sonore, de sa poitrine haletante ; prit la princesse dans ses bras, la porta vers le guéridon sur lequel elle avait déposé son flambeau, la considéra longtemps avec une attention scrupuleuse et s'écria d'une voix délirante :

— C'était donc toi !

Et comme l'émotion allait le reprendre et l'étreindre de nouveau, il continua avec exaltation :

— C'était donc toi que j'ai cherchée, que j'ai aimée avec toute la fougue de mes dix-huit ans, toi que j'ai demandée à tous les échos de Madrid et de l'Espagne entière, toi seule la maîtresse de mon cœur et que je n'ai sacrifiée qu'à la plus dévorante de toute les passions : l'ambition !

Et tandis qu'elle jetait un de ces cris d'enivrement et de délire qu'aucune plume, aucune voix, aucune note humaine ne rendront jamais, il la prit dans ses bras, l'appuya et la pressa sur son cœur palpitant avec tout l'enthousiasme de l'amour. Elle se dégagea enfin de son étreinte et, tenant toujours ses mains :

— Tu es ambitieux, dit-elle. Oh! oui, vous l'êtes, mon beau gentilhomme. Eh bien ! je vous donnerai plus d'or et de rubis que n'en ont le roi des sept royaumes et tous les potentats de la terre ensemble. Tiens, regarde.

Elle souleva les tentures de soie qui couvraient les murs, fit jouer un panneau de boiserie, et mit à découvert un magnifique coffre incrusté.

Don Paëz poussa un cri et recula.

Ce coffre était plein de diamants. La fortune de tous les juifs de l'Europe n'eût point suffi peut-être, à en payer la moitié.

Le cavalier, ébloui, mit les mains sur ses yeux et chancela ; mais soudain, reculant d'un pas encore, tandis qu'elle se retournait triomphante et cherchait son sourire, il redevint pâle, hautain et lui dit :

— Tu me donneras des richesses incommensurables, pauvre femme ! Mais ce prestige étincelant qui fascine les hommes et les enchaîne, ce prestige qu'on nomme le pouvoir, me le donneras-tu ?

— Oh ! s'écria-t-elle éperdue, l'ambition ! toujours l'ambition !

— L'ambition sans cesse ! reprit-il d'une voix éclatante ; l'ambition qui creuse le cœur et la tête, l'ambition qui tue, mais qui vous fait si grand qu'on regarde les hommes avec dédain, qu'ils deviennent des marchepieds, des machines intelligentes dont on sert et qu'on méprise. Oh ! voilà désormais ma seule maîtresse et ma seule passion !

Et don Paëz se redressa insensible

et fort comme au moment où il avait quitté le palais de l'Escurial.

La princesse, un moment foudroyée par ces paroles, se redressa à son tour ; elle s'élança vers lui, elle reprit sa main et la serrant avec force, l'œil flamboyant, le geste saccadé :

— Don Paëz, s'écria-t-elle, tu veux posséder le pouvoir, tu as soif d'une puissance sans bornes ? Eh bien ! je te donnerai un trône...

Le cavalier tressaillit.

— Un trône !... tu me donnerais un trône ?

— Celui de Grenade, répondit-elle. Je

suis la sœur de don Fernand de Valer, roi depuis vingt-quatre heures... et don Fernand n'a pas d'enfants... j'hérite de lui.

Mais don Paëz répondit par un éclat de rire :

— Il faudrait attendre trop longtemps, dit-il.

Et comme elle s'inclinait, ployée et broyée sous cette dure parole, comme elle se laissait tomber, blanche et froide, sur l'ottomane, il reprit avec douceur :

— Je t'ai aimée, pauvre enfant, j'ai failli t'aimer encore... Si tu me donnais à la fois or et puissance, je ne t'aimerais plus. L'amour d'une femme, enfant! c'est le mur d'airain où se brisent les plus grands desseins, les plus hautes aspirations ; c'est une nouvelle colonne d'Hercule qui dit au génie : Tu n'iras pas plus loin ! Et moi... je veux passer outre !

Et don Paëz s'enfuit à travers salles et corridors, criant :

— O ambition ! ô ma seule maîtresse... A moi ! à moi ! — Arrière l'amour !

Mais au moment où il traversait de nouveau ce salon où il avait soupé, une porte s'ouvrit en face de celle par où la ginata lui était apparue, et une voix grave annonça :

— Le roi !

Don Paëz recula d'un pas.

Il y avait loin de ce gentilhomme que nous avons connu sous le nom de don Fernand, capitaine des gendarmes de Philippe II, au personnage qui entra dans la salle où don Paëz s'était arrêté.

C'était bien le même homme, cependant, mais cet homme était grandi de toute la hauteur de sa mission, et la majesté royale, cette force que Dieu met au cœur de ceux qu'il condamne à porter une couronne — couronne d'épines bien souvent — éclatait sur son front.

Le gentilhomme au front mélancolique, aux lèvres sur lesquelles s'unissaient à la fois la fierté et la rêverie, le jeune homme au franc et loyal sourire avaient placé à un homme portant haut la tête, au regard froid et digne, à la démarche lente et assurée.

A la vue de don Paëz il s'arrêta comme don Paëz s'était arrêté.

Et puis, comme un roi est un roi, quelles que puissent être sa puissance et l'étendue de son royaume, sur le trône ou dans l'exil, il attendit que don Paëz allât vers lui.

Don Paëz était fier, mais il s'inclinait devant le rang quand ce rang était supérieur au sien. Il oublia que deux jours auparavant don Fernand était son ami, il ne se souvint que d'une chose, c'est que don Fernand était roi. Il se découvrit donc et s'avança avec une noblesse respectueuse, saluant don Fernand et lui disant :

— Bonjour, sire.

Alors devant cette attitude où la fierté de don Paëz s'abaissait, la glace qui recouvrait le visage du roi de Grenade se brisa, et il tendit la main au colonel des gardes :

— Bonjour, mon ami, lui dit-il, soyez le bienvenu sous le toit de ma sœur.

— Il est donc vrai ! exclama don Paëz, c'est bien votre sœur !...

— La fille de mon père, mon ami.

— Mon Dieu ! murmura don Paëz, moi qui l'ai traitée de Bohémienne...

— Je le sais, répondit don Fernand avec un sourire; mais je vous le pardonne, comme elle vous l'a pardonné sans doute... vous savez qu'elle vous aime, don Paëz; elle me l'a avoué. Voudrez-vous cimenter notre jeune amitié par les liens sacrés de la famille?

Don Paëz tressaillit et se tut.

— Je sais tout, reprit don Fernand; votre rencontre fortuite et le généreux appui que vous lui prêtâtes, il y a douze ans ; — elle m'a avoué son amour aujourd'hui même ; jamais elle ne m'en avait parlé. — Je sais encore, don Paëz, que l'infante d'Espagne vous aime, et que vous espérez toucher au but ; mais ce que je sais encore et ce que vous ignorez sans doute, c'est qu'autour de Philippe II vous avez une nuée de rivaux et d'ennemis qui ont juré votre perte, et qui, même, viennent d'obtenir sur vous un premier avantage. Ce gouvernement de l'Albaïzin qu'on vous donne, don Paëz, c'est une disgrâce.

Croyez-vous, sire, que j'en doute ?

— Ce que vous ne savez pas encore, don Paëz, c'est que le roi Philippe II a un orgueil trop grand pour jamais sacrifier sa fille à un simple gentilhomme....

— Je suis fils de souverain, sire.

— Qu'importe ! si vos pères sont déchus et si leurs descendants sont en exil ?

Don Paëz baissa la tête et frappa le sol de son pied avec un geste de colère.

— Ami, reprit le roi de Grenade, vous vouliez être gendre de roi, soyez frère de roi.

Une fois encore, peut-être, l'hésitation entra au cœur de don Paëz ; mais, par un dernier effort sur lui-même, il releva la tête et répondit :

— Non, cela ne se peut !

— Et pourquoi mon ami ?

— Parce que, répondit don Paëz, l'amour tue l'ambition, et que je préfère l'ambition à l'amour.

— Insensé !

— Demandez à l'aigle, fit le gentilhomme avec enthousiasme, pourquoi son vol est si hardi que nul n'ose le mesurer ? Demandez au génie pourquoi il s'écarte des routes frayées et marche sombre et à côté de la foule, aux lèvres de laquelle étincelle le rire ? Et l'aigle, ce roi des airs, le génie, ce roi de l'espace, vous répondront qu'un souffle inconnu, une haleine brûlante les poussent, et que ce souffle, cette haleine, sont l'haleine et le souffle de Dieu!

Don Fernand se couvrit le visage de ses deux mains :

— O ma sœur, murmura-t-il, pauvre enfant dont l'amour a dompté et ployé la nature indépendante et sauvage, pauvre cœur brisé, le bonheur n'est point fait pour toi ! une larme perla au travers de ses doigts, un moment il courba le front sous une douleur terrible ; puis il le releva soudain et murmura :

— Les rois aussi doivent fermer leur cœur aux joies saintes de l'amour et de la famille, eux aussi doivent marcher tristes et seuls et renoncer au bonheur; ils doivent ne songer qu'à leur peuple. — Je suis roi, don Paëz, j'ai pris la couronne et tiré l'épée pour affranchir du joug le peuple de mes pères, il faudra que l'on brise cette couronne sur mon front et cette épée dans ma main, si je les dépose avant que ce peuple soit libre! Adieu, don Paëz, nulle malédiction ne franchira le seuil de cette maison où ton insensibilité sème le désespoir. Des cœurs amis te suivront, et si un jour, meurtri et brisé, las d'insulter au bonheur, tu lui demandes grâce enfin, reviens, don Paëz, reviens ici ! Si Dieu a béni nos armes, si je suis roi de fait, comme aujourd'hui je le suis de droit, tu partageras ma puissance, nous règnerons ensemble, unis l'un à l'autre par le sourire et l'amour d'une femme dont nous tiendrons chacun une main.

— Taisez-vous ! sire, tais-toi, don Fernand, s'écria le colonel des gardes, tu me feras chanceler si je t'écoutais plus longtemps. Adieu..

— Adieu donc, ami ; dans vingt-quatre heures, la guerre aura mis entre nous des larmes et des flots de sang ; sers ce maître que je combats, puisque telle est la destinée ; mais avant serrons-nous la main, et si, au jour d'une bataille, nous avons le temps de nous embrasser avant de croiser le fer...

— Nous le ferons, adieu !

Et don Paëz que l'émotion gagnait, s'enfuit précipitamment.

Dans la cour, Juan attendait, tenant en main le cheval de son maître et le sien.

Don Paëz sauta en selle et enfonça l'éperon aux flancs du généreux animal qui prit le galop en hennissant de douleur.

Au moment où le colonel des gardes atteignait le sommet de la colline d'où quelques heures auparavant il avait aperçu les lumières du castel arabe, les premières lueurs du jour, scintillant au milieu des ténèbres, pâlirent l'éclat des étoiles dans le ciel oriental, et ricochant sur la crête encore baignée de rosée des montagnes, le crépuscule resplendit sur le petit lac et éclaira cette demeure où le bonheur avait essayé d'enlacer don Paëz.

Le cavalier fit faire volte-face à sa

monture, tourna les yeux vers le castel, contempla ce vallon paisible et verdoyant où la guerre allait bientôt transporter son sanglant théatre, et, posant la main sur son cœur qui battait maintenant avec la froide régularité d'une horloge, il murmura avec un fier sourire :

— J'ai foulé aux pieds le présent pour lui préférer l'avenir ; j'ai résisté au bonheur qui m'ouvrait les bras, parce que le bonheur ne suffit pas aux vastes aspirations de mon âme ; j'ai eu le courage de résister à la seule femme que j'aie aimé, j'ai été sans pitié pour ses larmes ; j'ai vu couler des pleurs de roi et ces pleurs ne m'ont point touché... Oh! je suis fort maintenant, et mes ennemis peuvent essayer d'entamer mon audace et ma volonté; cette audace et cette volonté sont un mur d'airain où se briseront leurs ongles et leurs dents de tigres! O ambition! merci, tu es le talisman des braves et des forts!

Trois jours après, don Paëz entrait dans les murs de l'Albaïzin; une heure plus tard, les troupes qu'il avait demandées au roi arrivaient, seulement elles étaient moindres de moitié, le régiment des gardes qu'il attendait ne devait point venir. La plupart des officiers qu'on lui envoyait étaient vendus au chancelier ; un seul corps lui demeurait entièrement dévoué, celui des lansquenets allemands.

Don Paëz fronça le sourcil d'abord, et haussa les épaules ensuite.

— Bah ! dit-il, j'ai mon étoile !

Le lendemain, il trouva cloué au chevet de son lit le billet suivant :

« Don Paëz, tu as refusé mon amour, je te hais.. Souviens-toi du serment que tu as fait à la Bohémienne pour obtenir la liberté et celle de l'infante ; et si l'on te présente mon anneau, ne sois point parjure ! »

Cinq jours après, le lévrier d'Hector,

qu'il avait renvoyé à l'Escurial, arriva haletant et couvert de poussière. Il avait une bague dans la gueule; cette bague signifiait que la faveur de don Paëz était battue en brèche par ses rivaux.

— Vrai Dieu! se dit-il, la fortune voudrait-elle donc lutter avec moi? Eh bien, soit! je relève le gant... Fortune, à nous deux!

CHAPITRE DIXIÈME

X

Trois mois s'étaient écoulés.

Don Paëz avait défié la fortune — la fortune avait relevé le gant et accepté le défi.

Depuis trois mois, tout semblait conspirer contre le colonel des gardes disgracié.

C'était un triste gouvernement que celui de l'Albaïzin, un gouvernement monotone et isolé du théâtre de la guerre, dans lequel don Paëz n'avait autre chose à faire qu'à veiller sur des canons rouillés regardant les canons inoffensifs de l'Alhambra.

La garnison de l'Albaïzin se composait d'environ deux mille hommes ; sur ces deux mille hommes, cinq cents à peine étaient dévoués au gouvernement ; le reste semblait obéir à quelque chef mystérieux et inconnu qui, d'un signe imperceptible, approuvait ou désapprouvait les ordres de don Paëz.

Et don Paëz cherchait vainement, parmi ses officiers, ce chef qui paraissait être le vrai gouverneur ; — il ne rencontrait autour de lui que des marques d'un respect équivoque et une obéissance ironique à laquelle il ne pouvait se tromper.

Parfois il se prenait à espérer que le théâtre de la guerre se rapprochant, il lui serait enfin permis d'y prendre part et de reconquérir, par un coup d'éclat, cette faveur qu'il avait perdue.

Mais la fortune paraissait lui refuser cette revanche.

Les Maures, cernés dans les Alpunares par des forces imposantes, se défendaient vaillamment, ayant leur roi à leur tête, et se montraient peu soucieux de marcher sur Grenade, leur ville sainte.

Pas plus que don Paëz, le marquis de Mondéjar, qui commandait à l'Alhambra, n'apercevait, dans le lointain, la fumée de l'artillerie, et il semblait frappé de la même disgrâce — car les ordres formels du roi étaient que les gouverneurs de Grenade et de l'Albaïzin n'abandonnassent, sous aucun prétexte, leurs murailles respectives pour faire une sortie et marcher à la rencontre des Maures.

Un jour, cependant, le bruit lointain d'une mousqueterie très vive était venu retentir en échos affaiblis jusqu'aux remparts de l'Albaïzin ; puis un nuage de fumée avait obscurci l'horizon ; enfin, aux rayons du soleil levant, les armures avaient étincelé et miroité comme un fleuve d'acier...

L'espoir revint au cœur du morne don Paëz ; il monta anxieux, haletant, au sommet d'une tour ; il suivit les péripéties du combat qui paraissait devoir être fatal aux Espagnols ; et enfin, dominé par un sentiment d'égoïsme facile à comprendre, il poussa un cri de joie en voyant un corps d'armée mauresque passer sur le corps des carrés espagnols enfoncés, et marcher victorieux sur Grenade.

Un siége! pensa-t-il, une défense héroïque, les canons de l'Albaïzin s'éveillant enfin de leur long sommeil; les remparts de Grenade enveloppés d'un manteau de fumée, les balles sifflant, les glaives froissant les glaives, les cris de joie des vainqueurs insultant aux imprécations des mourants... Et, au milieu de ce tumulte, lui, don Paëz, fier et calme, l'épée nue, donnant ses ordres d'une voix retentissante et creusant, sous les murs de Grenade, un tombeau à cette armée assez hardie pour le venir braver !

Don Paëz descendit de son poste d'observation, il revêtit ses habits de combat, il ordonna qu'on prît les armes, et que chaque tourelle, chaque bastion fussent occupés.

Ses ordres furent ponctuellement exécutés.

En même temps, à l'Alhambra, les mêmes dispositions de défenses furent prises, et la lutte promit d'être gigantesque.

Debout sur le rempart, une lunette d'approche à la main, don Paëz suivait attentivement du regard la marche rapide de l'ennemi.

Ses forces étaient nombreuses : plus de dix mille hommes s'avançaient au galop et traînant de l'artillerie de campagne; ils n'étaient plus qu'à un quart de lieue, et leurs phalanges se déroulaient comme une immense collerette de fer sur les collines verdoyantes que domine l'Alhambra.

Don Paëz fit pointer les canons et s'apprêta à saluer les Maures d'une pluie de feu.

Mais soudain ils s'arrêtèrent et parurent se consulter.

L'impatient don Paëz frémit et attendit qu'ils se remissent en route...

Il attendit vainement : les Maures se rangèrent seulement en bataille dans la plaine et sur les hauteurs ; puis ils semblèrent offrir le combat aux deux garnisons de Grenade et de l'Albaïzin.

— Cordieu ! s'écria don Paëz, puisqu'ils n'osent venir, nous allons les inviter.

Et quittant le rempart, il fit sonner le boute-selle, mit ses cavaliers et ses fantassins en ordre de bataille, ordonna qu'on ouvrît les portes et demanda son meilleur cheval.

Jusque-là ses ordres avaient été suivis ponctuellement; mais, au moment où il mettait le pied à l'étrier, don Fernando y Mirandès, capitaine des dragons de l'Albaïzin, sortit des rangs, s'approcha le chapeau à la main de don Paëz, qui l'accueillit avec un geste d'étonnement, le salua et lui dit avec courtoisie :

— Pardon, monseigneur, je voudrais vous entretenir une minute à l'écart.

— Que me voulez-vous ? demanda le gouverneur en fronçant le sourcil.

— Vous rappeler simplement une loi martiale, monseigneur.

— Quelle est cette loi?

— Celle qui interdit à un commandant de navire de quitter son bord et à un gouverneur de forteresse d'abandonner ses murs.

Don Paëz frémit de colère :

— Eh bien? demanda-t-il.

— Eh bien! monseigneur, vous allez, ce me semble, quitter les remparts de l'Albaïzin et faire une sortie?

— Sans doute.

— Et vous manquerez à votre devoir, monseigneur, votre devoir étant de ne point abandonner l'Albaïzin.

— Même quand l'ennemi me provoque?

— Même quand l'ennemi vous provoque.

La lèvre de don Paëz se crispa :

— Monsieur, dit-il sèchement, vous êtes un simple capitaine de dragons, et vous êtes sous mes ordres, n'est-ce pas ?

— Sans doute, monseigneur.

— Eh bien ! monsieur, je n'ai point de conseils à recevoir de vous, et je ne relève ici de personne. Une armée mauresque est devant nos murs, cette armée nous provoque, il est de mon devoir, il y va de l'honneur de l'Espagne de marcher à sa rencontre et d'accepter le combat.

— Je comprends, dit flegmatiquement don Fernando, qu'il est du devoir d'un gouverneur de faire sortir une partie de sa garnison...

— Ah! vous comprenez cela?

— Tandis que le gouverneur, poursuivit don Fernando impassible, doit, lui, demeurer avec le reste derrière ses murailles.

— Corbleu! exclama don Paëz impatienté, ma manière de voir diffère de la vôtre, monsieur, et je vous trouve bien hardi de commenter mes ordres et ma volonté.

— Monseigneur, répondit le capitaine avec calme, vous désobéissez au roi.

— Je ne le crois pas, fit don Paëz en raillant.

— Et moi je vous l'affirme.

Don Paëz abrita ses yeux du revers de sa main, regarda les collines de l'Alhambra et aperçut les bataillons du marquis de Mondéjar qui descendaient au pas de course et s'apprêtaient à passer le Daro pour marcher à la rencontre des Maures.

— Tenez, dit-il avec un sourire de triomphe, voyez, monsieur ; la garnison de l'Alhambra tranche la question. A cheval! monsieur, à cheval! ou nous arriverons les derniers.

— Pardon, fit l'imperturbable don Fernando, demandez votre lunette, monseigneur, et regardez bien le chef qui marche en tête des troupes de l'Alhambra, vous verrez que ce n'est point M. de Mondéjar.

Don Fernando disait vrai. C'était le vice-gouverneur de Grenade qui les conduisait.

Don Paëz rugit.

— Eh bien ! s'écria-t-il, si par un puéril respect d'une vieille loi martiale,

M. de Mondéjar demeure sur ses remparts alors que le canon va tonner, moi, don Paëz, je n'y resterai point. A cheval, monsieur, et, j'en suis sûr, le roi sera content d'une pareille désobéissance!

— Vous vous trompez, monseigneur, car la volonté formelle du roi est que vous ne sortiez point de l'Albaïzin.

— Pourriez-vous m'en fournir une preuve?

— Volontiers, monseigneur.

Don Fernando ouvrit son justaucorps et tira de son sein un parchemin scellé du sceau royal. Don Paëz le prit, le parcourut et pâlit.

Le parchemin contenait les quelques mots suivants :

« Notre volonté royale est que, sous aucun prétexte, et l'ennemi fût-il sous les murs, le gouverneur de l'Albaïzin ne franchisse les murs de sa forteresse. S'il résistait à cet ordre, il serait déclaré coupable de haute trahison, déchu de son rang et de son emploi, et don Fernando y Mirandès serait chargé du gouvernement provisoire de l'Albaïzin.

La signature du roi était authentique.

Don Paëz poussa un cri de rage, et mesurant don Fernando du regard :

— C'était donc vous, fit-il avec hauteur et dédain, qui étiez le véritable gouverneur ici?

— Vous vous trompez, monseigneur, répondit humblement le capitaine, j'étais simplement chargé de vous rappeler la volonté du roi.

— Je m'y soumets, monsieur, fit don Paëz avec un calme superbe ; mais souvenez-vous bien de ceci : le chancelier don José Déza, dont vous me paraissez être l'âme damnée, a la première manche de notre partie, mais j'aurai la seconde, et qu'il prenne garde !

Le capitaine s'inclina avec indifférence.

— Prenez, dit-il, les troupes de la garnison qu'il vous plaira, monseigneur, j'emmène les autres au combat... Et c'est mon droit, ajouta-t-il, car je commande ici en second.

Il remit son chapeau et sauta en selle.

Don Paëz promena son œil d'aigle sur cette petite armée rangée en bataille; il mesura les dragons d'un regard de mépris, puis désignant du doigt les cinq cents lansquenets allemands :

— Restez ici, dit-il; don Fernand vient de me faire observer que le devoir d'un gouverneur était de ne point aban-

donner le siége de son gouvernement...
Et il a raison. Ouvrez les portes!

Les deux régiments espagnols sortirent de l'Albaïzin, ayant à leur tête don Fernando y Mirandès; il ne demeura plus dans la forteresse que don Paëz, gouverneur illusoire, et les lansquenets qui, seuls, lui étaient dévoués et prêts à se faire hacher pour lui.

— O fortune! s'écria alors le favori déchu, tu ne m'as point vaincu encore!

Il regagna son poste d'observation et voulut être spectateur de ce combat auquel la fatalité lui défendait de prendre part.

C'était le matin, nous l'avons dit, par une matinée splendide de l'Espagne avec un soleil étincelant qui miroitait sur les brumes bleuâtres flottant encore au flanc des collines, et jetées comme une mantille de gaze sur les épaules grises des rochers et les tours noircies des forteresses.

L'armée maure, immobile ainsi qu'un mur d'acier, attendait le choc de l'armée espagnole avec la confiance de son droit et de la supériorité de ses forces. Les bataillons de l'Alhambra et ceux de l'Albaïzin couraient, au contraire, à sa rencontre, avec l'impétuosité de troupes fraîches que les marches forcées n'ont point lassées avant le combat.

Le choc fut terrible, les Maures reculèrent; leur centre parut s'enfoncer indéfiniment vers le nord, et, croyant sans doute à une défaite prématurée, les Espagnols poussèrent en avant et voulurent poursuivre, l'épée haute, ces prétendus fuyards.

Mais soudain les ailes de l'armée maure, massée sur les collines voisines, se déployèrent rapidement et, par une manœuvre habile, se rejoignirent sur les derrières de l'armée espagnole.

Alors le centre qui avait lâché pied jusque-là s'arrêta, fit tête à l'ennemi, et celui-ci, enveloppé de toutes parts, se trouva enclavé par une muraille d'acier et dans l'impérieuse nécessité de former un carré et de changer son rôle d'agression en une attitude de défense.

Don Paëz, du haut de sa tour, assistait à ce combat, et son égoïsme, son ressentiment parlant plus haut que le devoir, il se réjouit presque de voir le combat prendre cette tournure fatale aux troupes espagnoles.

Le poing sur la hanche, un sourire d'orgueil aux lèvres, il contemplait cette mêlée terrible que la fumée du canon et les reflets du soleil semblaient couvrir d'un voile aux couleurs changeantes, d'un manteau de soie et de pourpre qui en obscurcissait les détails pour imprimer à l'ensemble un cachet de poésie grandiose.

Pendant une moitié de la journée, le canon et la mousqueterie grondèrent dans la plaine, et les rangs des Maures cessèrent de se rétrécir comme une chaîne de fer et d'airain autour des Espagnols, qui se défendaient et tombaient un à un avec l'héroïsme du désespoir.

Et à mesure que l'armée maure avançait, don Paëz souriait et sentait la joie inonder son cœur et sa tête. Il la voyait déjà se déployer poudreuse et triomphante sous les canons de l'Albaïzin et de l'Alhambra, venir se heurter à ses murailles, et alors...

Alors lui, don Paëz, aurait le droit d'agir ; il pourrait pointer le premier canon et s'envelopper d'une héroïque draperie de fumée et de gloire, auréole magique dont les rayons iraient éclairer les marches du trône de Philippe II, feraient tressaillir l'infante de joie et d'orgueil, et pâlir ses ennemis d'impuissance et de colère !

Alors encore, le gouvernement illusoire de l'Albaïzin grandirait de toutes les hauteurs du péril ; il deviendrait le boulevart de Grenade et de l'Espagne entière ; et comme don Paëz n'avait jamais désespéré de son étoile, comme il se reprenait à croire en elle avec plus de ferveur encore, il faudrait bien que sous le feu de son artillerie, les fossés de ses murs devinssent le tombeau de cette armée déjà victorieuse.

Le fracas de la mousqueterie allait s'apaisant, à mesure que l'armée maure avançait ; les Espagnols décimés, sanglants, éperdus étaient parvenus à faire une trouée, et accouraient vers leurs murailles pour s'y abriter et les défendre.

Don Paëz quitta le rempart un instant pour donner ses ordres de combat; — puis, comme la mode d'alors était de revêtir ses plus riches habits un jour de bataille, il demanda son épée à poignée de diamants, son manteau brodé d'or, son feutre à plume blanche, et il remonta sur le rempart.

L'armée maure avançait toujours.

Don Paëz pointa une pièce de sa main gantée, il prit une lance enflammée et se tint prêt à mettre le feu.

Mais soudain une manœuvre s'opéra dans les rangs des Maures qui, au lieu de poursuivre leur course vers les murailles de Grenade firent volte-face, s'arrêtèrent une minute, puis se retirèrent lentement hors de la portée du canon.

La lance tomba des mains de don Paëz anéanti.

En même temps, il se sentit tiré par le pan de son manteau ; il se retourna et aperçut le lévrier d'Hector.

Le lévrier avait dans sa gueule une bague qu'il laissa tomber sur la dalle.

Cette bague signifiait : — le péril a grandi.

L'œil de don Paëz s'enflamma, il frappa le sol du pied et s'écria : La veille du supplice est quelquefois l'aurore du triomphe, et je *veux* triompher !

CHAPITRE ONZIÈME

XI

L'homme qui croit à son étoile, l'homme qui ose est fort entre tous.

La fortune semblait défier don Paëz, elle paraissait même le battre depuis quelque temps, mais elle ne l'avait point terrassé.

A chaque coup qu'elle lui portait, il chancelait une seconde pour se redresser plus fier, plus inébranlable, plus audacieux que jamais.

Il contempla froidement la retraite des Maures, qui bientôt disparurent à l'horizon, cachés par un pli du terrain ; puis il porta son regard sur les débris mutilés des bataillons espagnols, se traînant vers Grenade, la tête basse et couverts de sang ; — et une joie secrète envahit son cœur.

Le sous-gouverneur de l'Alhambra avait été tué ; quant à don Fernando y Mirandès, il avait survécu, mais on le rapportait mourant sur une sorte de civière formée avec quatre mousquets mis en croix.

— Voilà, pensa don Paëz, un homme qui ne me nuira pas de sitôt; et, pour le moment du moins, je suis encore le vrai gouverneur de l'Albaïzin.

Un sourire amer passa sur ses lèvres :

— Ah! fit-il avec dédain, ils m'ont confié un gouvernement dérisoire. Ah! messire le roi, vous avez voulu humilier votre favori, et vous lui avez donné une bourgade à commander! Eh bien! je le grandirai mon maître, ce gouvernement. je le grandirai de toute ma valeur personnelle; ces murailles d'un quart de lieue de circonférence, je les ennoblirai d'une auréole de fumée et de sang qui gravera leur nom aux pages de l'histoire et de la renommée; et, s'il le faut, si l'ennemi ne vient point en aide à leur gloire future, si je ne puis l'ensevelir dans le cercueil que je creuse à leur ombre, j'y mettrai le feu moi-même et, nouvelle Erostrate, j'attacherai mon nom au nom de l'Albaïzin incendié, et ces deux noms, enlacés à toujours, diront aux âges à venir ce qu'eût été don Paëz!

La nuit approchait. Don Paëz quitta le

rempart, descendit dans les rues et alla, comme c'était son devoir et son droit, recevoir aux portes qu'on venait d'ouvrir les débris sanglants et dispersés de sa garnison.

Don Fernando avait reçu un coup de lance à travers le corps, et il s'était évanoui ; à peine osait-on répondre de sa vie.

Ce qu'il ramenait de la garnison de l'Albaïzin sortie le matin, pouvait être évalué à deux cents hommes la plupart hors de combat et incapables de reprendre vis-à-vis du gouverneur cette attitude d'hostilité et de révolte qui avait entravé jusque-là ses moindres volontés.

Les lansquenets allemands dévoués à don Paëz composaient seuls, désormais, la garnison valide de l'Albaïzin.

Don Paëz donna ses ordres pour la nuit, regagna la citadelle et se retira dans son appartement.

Il avait besoin de solitude et de méditation pour parer les coups que la fortune aveugle s'obstinait à lui porter sans relâche.

Mais il était seul à peine que son Maure Juan entra avec un air de mystère.

— Que me veux-tu? lui demanda don Paëz surpris.

— Monseigneur, répondit Juan, un habitant de l'Albaïzin sollicite de vous un entretien secret.

— Sais-tu ce qu'il désire ?

— Je l'ignore ; c'est un barbier qui se nomme Pedillo.

— Est-il Maure ou Espagnol ?

— Ni l'un ni l'autre ; il est juif.

— Fais-le venir, dit don Paëz agité d'un secret pressentiment.

Juan introduisit un petit vieillard jaune et voûté, aux cheveux blancs et rares, à la barbe grise et mal taillée. Son œil pétillant, son nez crochu, ses lèvres minces disaient assez à quelle race il appartenait.

Il salua avec cette humilité servile et railleuse en même temps des fils d'Abraham, et se tint debout et les yeux baissés devant le gouverneur qui attachait sur lui son œil interrogateur.

— Que me voulez-vous ? demanda don Païz.

— Monseigneur, répondit le juif, je suis le barbier le plus achalandé de l'Albaïzin depuis que la guerre civile déchire notre belle Espagne.

— Ah ! et comment cela ?

— C'est fort simple. Les Maures de

l'Albaïzin jouissent, par un caprice de
feu l'empereur Charles-Quint de certaines franchises, de quelques préroga-
tives que n'ont jamais eues leurs frères
de Grenade et des autres villes de l'Espagne. Ils se trouvent heureux ainsi et
n'ont aucun intérêt direct au rétablissement d'un prince maure sur le trône de
Grenade. Ils n'ont donc aucune haine
pour les Espagnols, et font même avec
eux un certain commerce de détail assez
étendu.. Cependant, comme leurs frères ont levé l'étendard de la rébellion,
par un sentiment d'orgueil national, par
une sorte de pudeur patriotique, ils ont

rompu ostensiblement avec les chrétiens et ils paraissent n'avoir plus avec eux aucun rapport ; mais chaque fois qu'ils en trouvent l'occasion et qu'ils peuvent en rencontrer sur un terrain neutre, ils continuent leurs relations et leurs échanges commerciaux.

— Eh bien ? fit don Paëz.

— Eh bien ! monseigneur, comme je ne suis ni chrétien ni Maure, mais israélite, ils se donnent naturellement rendez-vous dans mon échoppe, où ma profession les attire forcément du reste.

— Je comprends : où voulez-vous en venir?

— Le voici... dit le juif d'un ton mystérieux et à voix basse ; j'ai des révélations importantes à faire à Votre Excellence.

— Et, fit don Paëz, prêtant l'oreille, quelles sont ces révélations?

— Je suis sur la trace d'un complot, monseigneur.

Don Paëz releva la tête, comme un cheval qui entend tout à coup un bruit lointain de clairons.

— Et ce complot a pour but?

— La prise de l'Albaïzin et celle de Grenade.

Le gouverneur fronça le sourcil.

— Je croyais, dit-il, du moins c'était votre avis tout à l'heure, que les Maures de l'Albaïzin étaient parfaitement inoffensifs?

— La majeure partie; oui, monseigneur.

— Et l'autre?

— L'autre se souvient qu'elle est de race mauresque, qu'elle a été libre avant de subir le joug de l'Espagne; et elle est prête à sacrifier ses intérêts du moment à la splendeur future de ses frères.

— Comment le savez-vous?

— Dans mon échoppe, poursuivit le

juif, il se tient, depuis huit jours, bien des conservations étouffées, bien des propos allégoriques... J'ai l'air de ne rien entendre, je parais ne m'occuper que de mes rasoirs ébréchés et de mon savon parfumé, mais je ne perds ni un mot, ni un geste.

— Et vous avez, dites-vous, découvert un complot ayant pour but l'occupation de l'Albaïzin?

— Votre Excellence l'a dit.

— Connaissez-vous les chefs de ce complot? Pouvez-vous me donner des détails ?...

Le juif se gratta l'oreille :

— Je suis un pauvre diable, dit-il, et je gagne de mon mieux ma misérable vie...

— Je comprends, fit don Paëz avec dédain, tu viens me vendre ton secret?

— Votre Excellence a bien de l'esprit; elle a deviné juste.

— Fais ton prix, juif...

Et don Paëz prit une bourse qui se trouvait sur une table, à portée de sa main :

— Veux-tu mille pistoles? dit-il.

— Hum! grommela le juif, les Maures sont riches, et je suis bien sûr qu'ils paieraient mon silence plus cher que vous ne voulez acheter ma langue.

—Je double, dit froidement don Paëz. Si tu n'es pas content, je te fais pendre sur l'heure.

—C'est pour rien, murmura le barbier, mais je suis un fidèle sujet de Sa Majesté Catholique et je vais tout vous dire.

Don Paëz vida la bourse sur la table.

— Voilà quinze cents pistoles, dit-il; demain tu auras les cinq cents autres.

— Oh! je puis faire crédit à Votre Excellence. Cependant...

— Quoi donc, maroufle?

— Comme le grand courage de Votre Excellence peut, cette nuit, l'exposer à quelque péril, si elle voulait me donner un bon sur son trésorier...

— Soit, répondit don Paëz prenant une plume.

— On ne sait ni qui vit ni qui meurt, dit humblement le juif.

— Et maintenant, ajouta le gouverneur en lui tendant le papier qu'il venait de griffonner, parle, juif, et parle bien surtout! ou je te fais hisser au beffroi de la citadelle comme un étendard de sinistre augure.

Le pauvre homme sourit humblement :

— Votre Excellence sera satisfaite, dit-il.

Don Paëz se renversa sur son siége et prêta l'oreille.

— Le roi de Grenade, commença le juif, a un lieutenant en qui il a toute confiance, et qui se nomme Aben-Farax. Ce lieutenant est un homme de bravoure et de résolution ; il est né dans l'Albaïzin, il y a encore une partie de sa famille, et c'est sur elle et les amis de cette famille qu'il a surtout compté pour la réussite de son plan.

Le nombre des Maures de l'Albaïzin, gagnés à la cause d'Aben-Farax, s'élève à environ cent cinquante hommes. Ces cent cinquante hommes doivent entraîner par leur exemple le reste de la population et la contenir au besoin.

L'Albaïzin communique avec l'Alhambra par un passage souterrain qui passe sous le lit du Daro ; — un autre souterrain relie l'Albaïzin aux Alpunares.

Ce souterrain est étroit, tortueux, et il faudrait plus d'un jour pour y faire passer toute une armée ; mais cent cinquante hommes pourront aisément y pénétrer et ressortir en moins de deux heures au centre même de la ville.

Les caves de la famille d'Aben-Farax lui servent d'issue. Nul, si ce n'est quelques Maures, ne connaît cet important secret ; — pas un Espagnol ne soupçonne l'existence de ce passage.

— En vérité, interrompit don Paëz, je conseille au roi Philippe II de vanter encore la police de l'inquisition.

— C'est par là, poursuivit le juif, que cette nuit même...

— Déjà ? fit don Paëz avec joie.

— Par là, reprit le juif, que dans quelques heures Aben-Farax et une petite troupe aguerrie pénètreront dans l'Albaïzin. Cette troupe, jointe aux Maures de la ville qui servent la cause de leurs frères, à l'aide des ténèbres et grâce au déplorable état de la garnison, encore harassée du combat d'aujourd'hui, se rendra aisément maîtresse des portes et des postes principaux, tandis que l'armée mauresque qui a paru se retirer mais qui est campée à deux lieues d'ici, accourra, et, s'emparant de l'Albaïzin dont les portes lui seront ouvertes, escaladera les hauteurs de l'Alhambra, qui lui sera livré par un détachement introduit dans la place à l'aide du souterrain du Daro.

Le juif s'arrêta et regarda don Paëz.

— A quelle heure, demanda celui-ci, Aben-Farax entrera-t-il dans l'Albaïzin?

— A minuit.

— A quelle heure l'armée maure se

trouvera-t-elle sous les murs de l'Albaïzin ?

— Une heure plus tard.

— C'est bien; indique-moi la maison où se trouve l'issue secrète?

— C'est celle que j'occupe, monseigneur.

Le Maure fit un pas en arrière; don Paëz l'arrêta d'un geste.

— Tu vas rester ici, dit-il, et si tu m'as menti, tu seras pendu.

Il frappa sur un timbre, deux lansquenets parurent :

— Conduisez cet homme à la tour du

Sud, dit-il, et veillez sur lui, vous m'en répondez.

On emmena le barbier. Alors un fier sourire glissa sur les lèvres de don Paëz, qui s'écria :

— Cette fois le combat aura lieu dans mes murs; cette fois je serai bien le véritable défenseur de Grenade, et don Fernando ne sera point là pour discuter mes ordres.

Don Paëz frappa une seconde fois sur un timbre. Don Juan reparut.

— Appelle, lui dit-il, le capitaine des lansquenets.

Le capitaine arriva sur-le-champ. C'était un gros Allemand, grisonnant déjà, toujours à moitié ivre, capable de tout, même de piller une église et de se faire mahométan pourvu qu'on le payât; mais tenant scrupuleusement sa parole, et brave comme un lion.

— Combien avons-nous d'hommes en état de combattre? demanda don Paëz.

— Six cents environ.

— L'Albaïzin a-t-il des vivres et des munitions en assez grande abondance pour soutenir un siége de huit jours?

— Oui, monseigneur.

— Même contre une armée de dix mille hommes?

— Les murs sont bons, nos hommes sont braves; pourvu que nous ayons à boire...

— Très bien. Faites doubler les postes des portes. Nous serons assiégés cette nuit même.

— Oh! oh! grommela le lansquenet, peut-être faudrait-il en donner avis à l'Alhambra..

— Non, de par Dieu! s'écria don Paëz, je veux la gloire et le péril pour moi seul!

— Paiera-t-on mieux? demanda le lansquenet.

— On paiera double, répondit don Paëz.

— Mordieu! avec mes cinq cents hommes, je tiendrais tête à toutes les Espagnes!

— Tout votre monde aux remparts, excepté cent hommes que vous commanderez.

— Où les conduirai-je?

— Je vous montrerai le chemin. Allez donner vos ordres et attendez.

Don Paëz ceignit son épée et descendit dans les cours intérieures de la forteresse, où le capitaine de lansquenets exécutait ses instructions.

— Comment va don Fernand ? demanda-t-il.

— Mal, lui répondit un soldat, il a le délire.

— Qu'il l'ait quelques heures encore, pensa-t-il, et je suis sauvé !

Les cent hommes étaient prêts à partir, et la nuit, devenue obscure, devait protéger leur marche silencieuse à travers les rues désertes de l'Albaïzin.

— Qu'on m'amène le barbier que l'on a conduit en prison, ordonna don Paëz qui, sans doute, avait réfléchi que le juif lui pouvait être un précieux cicérone.

On alla chercher le barbier.

— Juif, lui dit le gouverneur à demi-voix, tu m'accompagnes et tu vas m'indiquer, rue par rue, les maisons de ceux qui sont disposés à prendre les armes pour les Maures.

Le juif hésita.

— Cela n'était point convenu entre nous, balbutia-t-il.

— Je te paierai. Marche.

L'objection était levée. Le juif marcha.

— Allons d'abord chez toi, dit don Paëz.

Le juif, après quelques centaines de pas, s'arrêta devant la porte de la maison où il avait son échoppe, et qu'habitait la famille d'Aben-Farax.

Un soldat heurta cette porte avec la crosse de son mousquet.

La porte demeura close longtemps et ne s'ouvrit enfin qu'avec précaution sous la main d'un vieillard débile et courbé, qui demanda d'une voix tremblottante à qui on en voulait chez lui.

— A vous, répondit don Paëz.

Et, sur un signe du gouverneur, deux soldats appuyèrent le canon de leur mousquet sur la poitrine du vieillard qui recula tout tremblant.

— Vous êtes le père d'Aben-Farax? demanda don Paëz.

— Oui, monseigneur.

— Alors, veuillez me conduire dans vos caves.

— Elles sont vides! murmura le vieillard effrayé... nous n'avons plus d'or... on nous l'a pris.

— Si vous n'avez plus d'or, vous avez une issue mystérieuse...

— Monseigneur se trompe, assurément.

— Mon maître, dit froidement don Paëz, vous avez dans vos caves l'issue d'un souterrain; ce souterrain aboutit aux

Alpunares; par cette issue, ce soir, à minuit, votre fils Aben-Farax pénétrera dans l'Albaïzin avec cent cinquante hommes...

Le vieillard ne chercha point à nier, mais bien à s'échapper des mains des soldats et à courir au fond de sa maison pour donner l'alarme.

— Si cet homme fait un pas, tuez-le, ordonna don Paëz.

Le vieillard rugit, mais l'instinct de la conservation l'emporta chez lui sur tout autre sentiment, et il demeura paisible aux mains des soldats.

— Conduisez-nous, dit alors don Paëz ;

sur ma foi de gentilhomme, il ne sera fait de mal à personne, et aucune vengeance ne sera exercée. Mais que tout le monde se rende, ou j'ordonne un massacre général des Maures dans l'Albaïzin. Demain je rendrai la liberté à tout le monde, et l'inquisition ne sera point instruite de cette tentative de révolte.

Le vieillard guida don Paëz et ses hommes à travers un dédale de corridors, et les conduisit par un étroit escalier jusqu'à une salle souterraine éclairée par de nombreuses torches, et au milieu de laquelle une douzaine de Maures, la plupart jeunes et vigoureux, apprêtaient des armes de toutes natures et fabriquaient des munitions et des engins de guerre.

A la vue inattendue des soldats, ils se levèrent précipitamment et portèrent la main à leurs pistolets et à leurs poignards ; mais le vieillard leur cria soudain :

— Bas les armes ! nous sommes trahis !

Quelques-uns vociférèrent ; don Paëz leur dit :

— Si vous voulez faire massacrer tous les Maures de Grenade et de l'Albaïzin, vous n'avez qu'à tirer un seul coup de feu.

Les Maures se rendirent à merci.

— J'ai nom don Paëz, reprit le gouverneur, et comme je suis loyal, j'ai foi en la loyauté des autres. Voulez-vous être mes prisonniers sur parole ?

— Soit, répondirent-ils.

— En ce cas demeurez ici, et qu'aucun de vous ne bouge.

Puis don Paëz se tourna vers le capitaine de lansquenets :

— Emmenez le barbier avec vous, dit-il, pénétrez dans toutes les maisons, désarmez sans bruit les conspirateurs ; si l'on résiste, faites tuer à coups d'épée, mais que pas un coup de feu ne soit tiré.

Le capitaine s'inclina.

— Ensuite, poursuivit don Paëz, vous enverrez un détachement à la forteresse et ferez apporter ici une vingtaine de barils de poudre.

Les Maures se regardèrent avec effroi :

— C'est pour faire sauter Grenade et l'Alhambra si besoin est, dit tranquillement don Paëz.

Ces ordres furent promptement exécutés.

Tandis que le capitaine de lansquenets, avec une partie de ses hommes, désarmait et cernait les maisons suspectes, guidé par le barbier, un officier apportait en toute hâte les barils de poudre demandés par don Paëz.

« La salle où le vieillard l'avait conduit n'était autre que le point de jonction des deux souterrains, fermés par une porte de fer.

Don Paëz se fit ouvrir celle qui conduisait à l'Alhambra, et ordonna qu'on y plaçât les deux tiers de la poudre, laissant le reste dans la salle.

Il avait près de lui une vingtaine d'hommes, il en fit demander trente autres à la forteresse ; puis quand minuit approcha, il ordonna qu'un baril fût défoncé, se fit ensuite une torche, et se plaça à côté, sans que les Maures frissonnants pussent deviner son projet.

Au moment où minuit sonnait, deux coups discrets furent frappés à la porte du souterrain qui venait des Alpuxares.

— Ouvrez! ordonna don Paëz.

La porte tourna sur ses gonds et un homme entra, l'épée à la main : c'était Aben-Farax; puis deux autres, pareillement armés, ses frères; et après eux une vingtaine de Maures, tous armés, tous prêts à combattre... mais tous s'arrêtèrent frappés de stupeur à la vue des soldats allemands qui emplissient la salle, et de don Paëz, immobile et calme auprès du baril de poudre, la torche dans la main droite, la gauche sur la garde de son épée.

— Messire Aben-Farax, dit-il en les mesurant d'un tranquille regard, j'ai nom don Paëz, j'étais le favori du roi d'Espagne; mais on a miné ma faveur, et mes rêves d'ambition sont près d'avorter. Un coup d'éclat seul peut raffermir ma fortune ébranlée ; si l'occasion me manque, j'appelerai la mort à mon aide. Les regrets de l'ambition déçue sont le plus atroce des supplices. Or, vous empêcher de prendre Grenade, vous faire prisonniers, vous et ceux qui viennent derrière vous, serait certes un assez beau coup et je vais le tenter. Je ne veux ni coup de feu, ni tumulte, ni sang versé. Si l'on se battait dans les rues de l'Albaïzin, on me traiterait de boucher et mes ennemis contesteraient ma victoire. Rien de tout cela ; je veux simplement vous amener à déposer vos armes et à vous rendre à merci.

— Par Mahomet! s'écria le bouillant Aben-Farax, je voudrais bien savoir comment?

— De la plus simple façon, messire. Vous voyez ce baril, vous voyez cette porte ouverte, et par cette ouverture d'autres barils semblables à celui-ci ?

— Oui, murmura Aben-Farax.

— Eh bien ! il y a en trente ou quarante semblables, échelonnés jusque sous les murs de l'Alhambra.

Aben-Farax fit un mouvement et voulut marcher sur don Paëz.

— Un pas de plus, dit celui-ci, et j'incendie Grenade et l'Alhambra, les souvenirs d'orgueil de votre race, les merveilles de vos rois ; — tout ce qui atteste votre splendeur passée, tout ce qui est l'objet, le but de vos rêves d'avenir, saute avec nous et retombe en décombres noircis.

Et don Paëz approchait la torche du baril.

— Bas les armes! cria Aben-Farax frémissant; nos frères accourent et nous délivreront!

— Je vais les recevoir! répondit don Paëz d'une voix railleuse.

Il confia les prisonniers aux lansquenets et courut à la forteresse, sur laquelle marchait l'armée maure, commandée par le roi Aben-Humeya lui même.

Pas une lumière ne brillait aux créneaux de l'Albaïzin : les remparts de la forteresse paraissaient déserts, et don Fernand ne douta point un instant que l'assaut ne fût de courte durée, grâce au sommeil des assiégés, qui lui permettait d'espérer un plein succès.

La nuit était sombre, et la silhouette noire des tours se dessinait à peine sur le bleu foncé du ciel.

Les Maures marchaient silencieux, croyant toujours au sommeil de la garnison ; mais soudain, et au moment où ils étaient à portée de mousquet, les créneaux, les remparts, les tours, s'illuminèrent tous à la fois, puis s'enveloppèrent d'un manteau de fumée et retentirent d'un horrible fracas. Le canon grondait !

— Nous sommes trahis ! s'écria don Fernand, nous avons un véritable siége à faire maintenant, car l'homme qui défend ces murs est aussi brave que moi. Feu ! et aux remparts.

Don Fernand poussa vigoureusement son cheval, aux pieds duquel vint s'amortir un boulet ; — et presque aussitôt, à la lueur momentanée d'un coup de canon, il aperçut debout sur le rempart, calme, impassible, la tête haute et l'œil flamboyant, un homme qui donnait ses ordres d'une voix brève et assurée : c'était don Paëz.

— Fatalité! murmura-t-il, cet homme et moi, nous devrions être frères!

Les murailles de l'Albaïzin resplendissaient comme un phare dans la nuit sombre ; les boulets, la mousqueterie pleuvaient sur les assiégeants et leur causaient grand dommage, tandis qu'abrités derrière leurs créneaux les assiégés n'éprouvaient que des pertes minimes.

Don Paëz, l'épée à la main, l'œil étincelant, la parole brève, le geste hautain, était partout, calculant la durée de l'attaque avec le sangfroid d'un général vieilli dans les camps.

Eveillé en sursaut par le fracas fait autour de l'Albaïzin, l'Alhambra s'était illuminé, à son tour, d'une auréole de feu, et ses boulets, sifflant au-dessus des murs et des tours de l'Albaïzin, allaient ricocher sur les bataillons maures et y creuser un sillon sanglant. Le combat dura jusqu'au jour.

Au moment où naissaient les premières clartés de l'aube, les Maures se regardèrent, calculèrent l'énormité de leurs pertes, s'aperçurent que pas un bastion de Grenade et de ses faubourgs n'était pris et que le siége devait être converti en blocus pour obtenir un résultat.

Mais don Fernand de Valer, dédaignait un pareil moyen, et il lui paraissait indigne de son sang et de sa race d'affamer une ville pour la prendre. Il préféra se retirer.

De même que don Paëz n'avait pas quitté le rempart un seul moment, de même, don Fernand, épée au poing et couronne en tête, avait constamment poussé son cheval au premier rang et combattu comme un simple soldat. — Il avait fait son devoir de guerrier; son devoir de roi lui ordonnait maintenant de ménager le sang de ses sujets.

Il ordonna donc la retraite et l'effectua sans précipitation, le visage tourné vers l'ennemi et marchant le dernier.

Don Paëz vit les Maures s'éloigner ; il les suivit du regard, immobile et debout à son poste de combat, le pied sur un cadavre, appuyé sur son épée et dans l'attitude d'un héros fatigué qui se repose et contemple son triomphe.

Puis, quand les Maures eurent disparu, il abaissa son œil sur le champ de bataille, sourit d'orgueil à la vue des monceaux de cadavres entassés dans les fossés et au pied des tours, et quitta enfin le rempart.

— Messire le roi, se dit-il alors, sera content de moi, je suppose, car sans moi, le roi Aben-Humeya couchait ce soir à l'Alhambra et devenait un vrai roi de Grenade. Ah! messire mon maître, mes ennemis ont remporté une première victoire, et ils ont si bien ébranlé ma faveur que vous m'avez donné une bourgade à gouverner? Eh bien, cette bourgade a grandi; en moins d'une nuit, elle est devenue une page de pierres à ajoute aux feuillets de l'histoire, et maintenant que grâce à elle et à moi, Grenade vous appartient encore, peut-être ne me refuserez-vous pas le gouvernement de la ville que je vous ai gardée !

Vous êtes un homme d'esprit, messire don José Déza, le chancelier ; vous avez la langue envenimée des gens de justice et l'astuce des courtisans ; vous êtes patient comme un larron, et vous avez mis trois mois à saper ma faveur dans le cœur et dans le cerveau du roi ; — vous avez presque réussi, mon maître, et quelques jours de plus vous auraient suffi pour m'envoyer au bûcher. Malheureusement je viens de trouver le moyen de renverser tous vos projets d'un seul coup.

Un simple cadeau que je vais faire à Sa Majesté Philippe II déridera son front plissé et me rendra sa royale amitié. Il est vrai que ce cadeau, c'est la ville de Grenade que sans moi il n'aurait plus, et le bras droit du roi son rival, le lieutenant Aben-Farax.

— Çà, ajouta don Paëz, en appelant le capitaine des lansquenets qui se tenait à distance respectueuse, montez à cheval, mon maître !

— Où vais-je ?

— A Madrid, conduire les prisonniers. Prenez une escorte de deux cents hommes.

Le capitaine alla faire sonner le boute-selle, et don Paëz rentra chez lui.

— Monseigneur, lui dit Juan, votre prisonnier Aben-Farax et ses deux frères désirent avoir une minute d'entretien avec votre excellence avant leur départ.

— C'est leur droit, répondit don Paëz ; qu'on les introduise !

Aben-Farax entra peu après, salua don Paëz avec courtoisie, prit le siége que celui-ci lui indiquait et lui dit :

— Connaissez-vous, messire, la sœur de mon roi ?

— La gitana ? murmura involontairement don Paëz.

— Oui, la gitana, fit Aben-Farax, souriant.

Don Paëz s'inclina.

— Et, poursuivit Aben-Farax, vous souvenez-vous d'une certaine rencontre entre elle et vous, dans un souterrain, un jour de chasse royale...

Don Paëz tressaillit.

— Et d'une promesse qu'elle exigea de vous ? continua le Maure.

Don Paëz pâlit.

— Elle m'a chargé de vous présenter cet anneau.

Aben-Farax tira une bague de son sein et la présenta au gouverneur.

— C'est votre liberté que vous me réclamez, n'est-ce pas? demanda don Paëz.

Aben-Farax s'inclina.

— Fatalité! murmura le colonel des gardes. Tout est perdu.

Puis il ajouta tout haut :

— Un gentilhomme tient toujours son serment, messire. Vous serez libre dans quelques heures. Puisse cette liberté ne point m'envoyer à l'échafaud!

Aben-Farax demeura impassible.

— Messire, poursuivit don Paëz, vous allez partir pour Madrid, vous et les vôtres, sous bonne escorte, mais je donnerai des ordres, j'achèterai s'il le faut le capitaine de lansquenets que j'ai chargé de conduire le convoi, et à deux lieues d'ici, dans le premier bois que vous traverserez, il vous laissera fuir, vous et vos deux frères.

— Soit! répondit Aben-Farax.

Mais, en ce moment, la porte s'ouvrit et un homme pâle et chancelant, couvert de bandelettes ensanglantées, parut sur le seuil.

C'était don Fernando y Mirandès.

Don Paëz fit un pas en arrière et porta

la main à son épée avec un geste de colère, à la vue de don Fernando.

— Que me voulez-vous? demanda-t-il avec hauteur.

— Monseigneur, dit poliment don Fernando, vous allez envoyer un convoi de prisonniers à Madrid?

— Que vous importe! fit don Paëz. Je suis le gouverneur de l'Albaïzin et ne prends conseil que de moi-même et du roi.

— C'est que, précisément, c'est au nom du roi que je parle.

— Ah! et que veut le roi?

Don Fernando déplia lentement un

parchemin et le mit sous les yeux de don Paëz, qui pâlit de rage.

Ce parchemin contenait ces deux lignes :

« Si don Paëz envoie des prisonniers à Madrid, don Fernando y Mirandès sera chargé de les escorter avec une partie des troupes qu'il commande.

» Signé, LE ROI.

Don Paëz rugit comme un taureau irrité par une meute de chiens hurlants. Une seconde d'anxiété terrible s'écoula pour lui, car il se trouvait dans la dure nécessité de fouler son serment aux pieds ou de désobéir au roi.

Pendant une seconde il tourmenta son épée dans son fourreau et fut tenté d'en frapper don Fernando. S'il n'eût été blessé déjà et chancelant encore, don Fernando était un homme mort. Son état de faiblesse le sauva.

Don Paëz garda une minute de terrible silence, pendant lequel don Fernando parut inquiet et troublé ; puis il lui dit avec dédain :

— Vous êtes souffrant monsieur ; il serait imprudent de vous mettre en route en pareil état...

— Le roi le veut, murmura don Fernando.

— Sans doute, fit don Paëz, le roi veut que vous escortiez les prisonniers que j'enverrai. Mais...

— Mais ? demanda don Fernando avec hésitation.

— Je ne les enverrai point, répondit froidement don Paëz, ils demeureront ici.

Don Fernando parut étonné et jeta un furtif regard sur Aben-Farax et ses frères.

— Don Paëz surprit ce regard et un éclair jaillit de son œil :

— Don Fernando, dit-il d'une voix railleuse, vous êtes pâle et hâve comme un mort qui ressuscite, ou un homme de loi tel que messire le chancelier; vous souffrez, mon cher sire, et nous sommes exposés ici à tous les vents de l'Espagne, rentrez donc chez vous au plus vite : — l'Albaïzin et le roi feraient une perte trop cruelle si vous mouriez de vos blessures.

Don Fernando salua froidement et sortit.

Alors don Paëz se tourna vers Aben-Farax et lui dit :

— Je vous ai donné ma parole que vous seriez libre, vous le serez cette nuit même. Comptez-y.

La nuit suivante, vers deux heures, la porte de tour où étaient enfermés Aben-

Farax et ses frères s'ouvrit sans bruit, et un homme, dont le chapeau tombait sur les yeux, entra dans le cachot où les trois Maures s'étaient endormis.

— Suivez-moi, dit mystérieusement cet homme.

Ils obéirent.

L'inconnu les guida, à travers les ténèbres jusqu'à un petit escalier tournant qui s'enfonçait dans les profondeurs de la forteresse, et il descendit le premier.

Ils le suivirent, confiants en la loyauté de don Paëz.

Après avoir descendu une centaine de marches, ils pénétrèrent dans un corridor assez étroit qu'ils traversèrent dans toute sa longueur ; au bout de ce corridor était une porte que l'inconnu ouvrit, et quand elle eut tourné sur ses gonds, ils se trouvèrent en plein air.

Ils reconnurent alors qu'ils venaient de franchir une poterne ; ils aperçurent un pont-levis jeté sur le fossé extérieur, et, au-delà du pont-levis, trois chevaux attachés à un arbre. Alors ils reportèrent leurs regards sur leur guide, et, à la clarté phosphorescente qui se dégage de l'atmosphère des pays chauds et jette un rayon lumineux à travers les nuits les plus sombres, ils reconnurent don Paëz.

Don Paëz qui, conspirant contre lui-
même, trompait le gouverneur au profit
du gentilhomme, et trahissait le roi pour
être fidèle à son serment.

— Messire, dit-il à Aben-Farax, voilà
des chevaux, partez au plus vite, et que
les premiers rayons du jour vous trouvent à distance de l'Albaïzin. Hors de
mon gouvernement je ne peux rien.

Aben-Farax s'inclina.

— Dans mon gouvernement même,
reprit don Paëz avec un accent de dédain
amer, je suis bien moins gouverneur que
gouverné, et mes pouvoirs illimités en
apparence se trouvent restreints et con-

trebalancés par une influence mystérieuse. Mes ennemis ont su placer des espions autour de moi, et je ne suis, pour l'heure, rien moins que le gouverneur de l'Albaïzin.

— Je le sais, murmura Aben-Farax.

— Ah! vous le savez? fit don Paëz tressaillant.

— Sans doute. Les Maures savent tout. Don Paëz, vous êtes le seul Espagnol, si j'en excepte Mondéjar, pour lequel nous n'ayons aucune haine au fond du cœur.

— Je vous ai cependant fait assez de mal cette nuit même?

— Oui, mais nous avons un pressentiment.

— Lequel?

— C'est que vous combattrez un jour dans nos rangs. Ne riez pas, don Paëz, Dieu est grand.

— Et Mahomet est son prophète, n'est-ce pas? Je ne crois pas à Mahomet.

— Don Paëz, dit gravement Aben-Farax, on ne retrouve point le cœur d'un roi, pas plus que le cœur d'une maîtresse. Votre faveur est sapée; le roi ne vous aime plus, car il sait tout...

— Quoi! tout?

— Il sait que vous aimez l'Infante.

— Il se trompe, mon maître; je veux seulement qu'elle m'aime.

— C'est ce que je voulais dire Eh bien! don Paëz, si l'infante vous aime, et j'en suis assuré, du reste, vous ne l'épouserez jamais...

— Peut-être?

— Vous épouserez la sœur de mon roi, celle que vous appelez la gitana.

— Jamais.

— Ne vaut-elle point une infante d'Espagne?

— Peut-être... mais je ne l'épouserai pas.

— Même si elle vous donnait un trône?

Don Paëz tressaillit et hésita.

— Non, dit-il enfin, même pour un trône.

— Et pourquoi cela, don Paëz?

— Pourquoi? parce que l'ambition et l'amour ne cheminent point côte à côte dans l'âpre route de la vie; parce que l'amour étouffe l'ambition... et j'ai peur d'aimer la gitana.

— Aben-Farax poussa un cri :

— Tu l'aimes! don Paëz, fit-il avec joie; don Paëz, une heure viendra où tu seras las de ton maître comme nous l'avons été de notre joug, et, à cette heure-là, don Paëz, nous t'attendrons ! Adieu !...

Et Aben-Farax sauta en selle avec ses frères et s'éloigna au galop.

Don Paëz le suivit des yeux à travers les ténèbres; puis, lorsque le galop se fût éteint dans l'éloignement, il rentra dans l'Albaïzin, referma soigneusement la poterne et murmura :

— Cette femme est donc un démon, que mon cœur tressaille quand on me parle d'elle, et qu'un trouble inconnu s'empare de ma tête et de mon cœur à son souvenir. Cet homme est donc un prophète, puisqu'il m'annonce l'heure de ma chute avec un accent convaincu et un front impassible?

Et une sueur glacée inonda le front de don Paëz.

— Pourtant, reprit-il, j'ai foi en mon étoile, pourtant je dois être si grand un jour, si j'en crois la voix secrète du destin, qu'une couronne descendra du ciel ou montera de l'enfer sur mon front... Cet homme est un imposteur !... Ou bien, acheva-t-il, illuminé soudain, ou bien me serais-je trompé, et cette couronne que j'attends de l'Espagne me viendrait-elle d'ailleurs ?

Attendons! ce mot est le talisman de la vie.

———

Le jour venait, don Paëz, enveloppé dans son manteau, regagna ses appartements.

Les escaliers étaient déserts à cette heure, les sentinelles sommeillaient çà et là sur leurs hallebardes; don Paëz traversa un obscur corridor, le front penché et absorbé dans une méditation profonde; aussi n'aperçut-il point un homme immobile et dissimulé dans l'ombre qui dardait sur lui un œil étincelant et le suivit du regard jusqu'à ce que la porte se refermât sur lui.

C'était encore don Fernando y Mirandès, pâle et frissonnant de fièvre sous son manteau brun :

— Don Paëz, murmura-t-il, tu viens de faire évader un prisonnier de guerre, te voilà coupable de haute trahison... et nous te tenons enfin !

CHAPITRE DOUZIÈME

XII

Cinq jours après, vers le soir, un cavalier s'arrêta tout poudreux aux portes de l'Albaïzin; il portait le costume des gentilshommes de la maison du roi, et il montra aux porte-clés et à l'officier des portes un parchemin scellé du sceau royal et fermé par un fil de soie bleue.

— Pour le gouverneur! dit-il.

On le conduisit auprès de don Paëz, et don Paëz, le reconnaissant, poussa un cri et pâlit...

C'était Hector.

Hector, harassé, épuisé, aussi pâle que don Paëz, l'œil brillant de fièvre.

— Ciel! s'écria le gouverneur, qu'arrive-t-il donc?

Hector congédia d'un geste les lansquenets qui l'avaient conduit auprès de son frère, ferma soigneusement la porte et revint vers don Paëz :

— Frère, lui dit-il avec émotion, demain il serait trop tard, il faut fuir cette nuit même.

— Fuir! exclama don Paëz.

— Préfères-tu l'échafaud?

— L'échafaud! l'échafaud pour moi! As-tu perdu la raison?

— Tiens! dit Hector d'une voix brisée en brisant le sceel du parchemin, lis.

Don Paëz frissonna une seconde, puis il lut d'une voix calme et forte :

« Nous, Philippe II, roi des Espagnes, des Indes, etc... etc..., à notre féal don Fernando y Mirandès, salut!

» Notre volonté royale est qu'au reçu des présentes lettres, vous preniez le commandement suprême des forces de l'Albaïzin, fassiez jeter en prison le gouverneur don Paëz que nous déclarons, sur notre foi de roi, coupable de haute trahison, assembliez un conseil de guerre, afin que le traître soit jugé, condamné et mis à mort dans le plus bref délai.

» Fait en notre palais de l'Escurial, etc.

» PHILIPPE, roi. »

Don Paëz chancela.

— Oh! s'écria-t-il, je vais monter à cheval, courir à Madrid, me défendre, et malheur! malheur à ceux qui me veulent briser.

— Malheur à toi-même! frère, si tu ne fuis à l'instant. Le gentilhomme qui portait cet ordre avait douze heures d'avance sur moi; je l'ai rejoint la nuit dernière, au milieu d'une forêt; je l'ai supplié de me rendre ce parchemin et il m'a refusé; alors j'ai mis l'épée à la main...

— Et alors? fit don Paëz anxieux.

— Alors, dit mélancoliquement Hector, Dieu sans doute a été pour moi et a guidé mon épée, car je l'ai tué! Mais on aura trouvé son cadavre, et tes ennemis ne se seront point bornés sans doute à envoyer un seul message... Dans une heure peut-être... Frère, acheva Hector qui tremblait, les instants qui s'écoulent en paroles inutiles valent des monceaux d'or et des royaumes; tu es encore

gouverneur, on t'ouvrira les portes...
Fuyons !

Don Paëz porta la main à son front :

— Fuir ! murmura-t-il avec rage... O projets d'ambition ! rêves de grandeur, vous n'étiez donc que des rêves ?

Et comme Hector se taisait don Paëz continua avec amertume :

— C'est donc une fatalité que ceux qui sont coulés dans le moule du génie, ceux qui semblent destinés à enfermer le monde dans leur main, soient brisés sous le pied du destin avant d'arriver à leur but ? et ceux qui sont nés pour voir les trônes à leur niveau, les grands seigneurs en bas des trônes et au-dessous, comme dans une brume lointaine, le reste des hommes, ceux-là doivent-ils donc se heurter à quelque obstacle inconnu et y briser leur front dans lequel Dieu a mis un de ces rayons lumineux, un de ces éclairs fulgurants devant lesquels s'inclinent les peuples et les rois?

— Espère, frère! murmura Hector.

Ce mot produisit un effet magique sur don Paëz; sa tête inclinée se redressa, son œil lança des flammes, et il prit une si fière attitude que l'enthousiasme gagna le cœur d'Hector.

— Je suis un impie! s'écria don Paëz; je viens de blasphémer et de renier mon étoile qui me dit qu'un trône sera pour moi tôt ou tard. Ah! messire le roi d'Espagne, vous voulez m'envoyer à l'échafaud, moi qui vous ai conservé Grenade? Eh bien! je vous la prendrai, soyez tranquille! Et ce sera à la tête d'une armée maure; je ne suis point votre sujet; je ne vous dois ni fidélité ni vasselage; je vous ai loyalement servi, en échange vous me livrez au bourreau? Eh bien! notre pacte est rompu et mon épée m'appartient!

En ce moment on heurta à la porte, et le capitaine des lansquenets entra :

— Messire, dit-il à don Paëz, je viens vous prévenir que moi et mes hommes nous étions vendus au roi pour trois ans.

— Eh bien?

— Eh bien! les trois années expirent demain, et si le roi ne nous fait un autre marché, il pourra confier à qui il voudra la garde de l'Albaïzin.

— A quel prix voulez-vous faire ce nouveau marché?

— Oh! monseigneur, plus cher que le premier. Nous donnions notre vie pour rien. Si le roi ne veut pas de nous, nous irons ailleurs. Notre épée est à celui qui la paie le mieux.

— Et si je l'achetais, moi? demanda brusquement don Paëz.

— Vous, monseigneur?

— Et le double de ce que pourrait la payer le roi d'Espagne?

— Elle serait à vous, monseigneur, à vous que nous aimons bien mieux que ce roi avare et morose qui nous fait boire de mauvais vin quand nous sommes de garde à l'Escurial.

— Eh bien! tope! dit don Paëz, je vous prends à ma solde.

— Pour combien d'années?

— Autant qu'il en sera nécessaire pour rétablir un roi maure sur le trône de Grenade.

Le lansquenet recula stupéfait:

— Que voulez-vous? dit froidement don Paëz, le roi me traite maigrement et m'occasionne force misères; je prends le parti de rendre le mal pour le mal, et je le veux empêcher de dormir. Je ne suis pas Espagnol, moi, et on ne m'accusera point de trahison, je suppose? — Allez, mon maître, allez faire monter vos hommes à cheval. Je vous suis.

— Et où allons-nous?

— Rejoindre le roi Aben-Humeya qui est campé à dix lieues d'ici.

— Le lansquenet sortit; presque aussitôt don Fernando entra, regarda attentivement Hector, et dit à don Paëz :

— Vous avez reçu des ordres du roi?

— Oui, messire, répondit don Paëz avec dédain, et ces ordres sont de mettre à mort les traîtres.

Don Fernando recula. Soudain don

Paëz frappa sur un timbre, au son duquel accoururent les lansquenets de garde dans ses antichambres.

— Emparez-vous de cet homme! cria-t-il, c'est au nom du roi.

Don Fernando porta la main à son épée.

— S'il résiste, tuez-le ' ajouta don Paëz impassible.

Don Fernando, pâle et tremblant comme tous les traîtres, se laissa garrotter. Alors don Paëz lui dit :

— Vous me vouliez envoyer à l'échafaud, mon maître, et vous n'avez point réussi ; mais je vous donne ma parole de gentilhomme que j'aurai, moi, la main plus sûre, et que vous serez pendu avant demain.

— Monseigneur, cria le capitaine des lansquenets par la porte entrebâillée, nous sommes prêts.

— Très bien! répondit don Paëz, gardez avec soin cet homme, et dans le premier bois que nous traverserons, vous chercherez un arbre d'une belle venue qui lui puisse servir de potence.

Il se retourna alors vers Hector :

— Frère, demanda-t-il, me suis-tu?

— Frère, répondit le fier et triste Écossais, ta vie est ma vie, et je n'ai d'autre but que le tien. Je te suivrai comme ton ombre.

— A cheval donc! s'écria don Paëz. Et maintenant, messire Philippe II d'Espagne, à nous deux! on me nomme don Paëz!

Retournons maintenant à ce petit castel maure où nous avons laissé la sœur d'Aben-Humeya brisée de douleur sous la dédaigneuse indifférence de don Paëz.

C'était le soir — un soir d'été revêtu de toutes les splendeurs poétiques du ciel espagnol; — le soleil déclinait à l'horizon comme un roi déchu qui gagne la terre d'exil enveloppé d'un lambeau de pourpre; et il semblait jeter, par-dessus la crête des montagnes occidentales, un dernier regard à ce frais et mélancolique

paysage qu'il abandonnait à regret —
ainsi que Boabdil, fuyant vers les plages
africaines, s'arrêta un moment au sommet de la Sierra pour contempler une
fois encore sa Grenade embaumée, son
paradis à jamais perdu...

Ses obliques et mourants rayons secouaient sur les collines et le lac une
poudre d'or étincelante : les vitraux du
castel flamboyaient à leur reflet, et les
panaches verts des sycomores s'inclinant
à un léger souffle de la brise paraissaient
saluer l'agonie du roi des astres d'un
hymne frémissant d'une mystérieuse harmonie.

Sur une terrasse du castel on avait

roulé un lit de repos; sur ce lit était couchée nonchalamment cette femme merveilleuse, cette fée aux mains de reine, cette reine à l'imagination de fée que don Paëz avait admirée, et dont l'amour l'avait fait frissonner, lui, le sceptique et le fort.

Trois mois à peine s'étaient écoulés depuis le passage du favori de Philippe II, mais ce passage avait laissé sans doute dans le cœur de la princesse maure les germes d'un terrible orage qui n'avait pas dû tarder à éclater, si l'on en jugeait par ses traits contractés et par la pâleur de son front.

Elle était toujours belle, cependant,

car la beauté de certaines femmes résiste aux plus navrantes douleurs ; mais cette beauté avait pris un caractère de sombre fatalité, et don Paëz en eût tressailli.

A demi-couchée sur son lit de repos, elle contemplait l'horizon charmant qui se déroulait autour d'elle avec un sourire amer plein d'une résolution suprême. On eût dit la reine de Carthage pleurant Énée et prête à monter au bûcher. Deux Maures agenouillés agitaient devant elle de grands éventails et la considéraient d'un air inquiet. Elle ne paraissait pas même s'apercevoir de leur présence et elle demeurait indifférente à ce qui se passait autour d'elle. Une pensée tenace, ardente, dominatrice, plissait son front et réunissait ses noirs sourcils; le sourire crispé de ses lèvres prenait peu à peu une expression cruelle, et les Maures qui ne cessaient de l'épier en étaient épouvantés.

Tout à coup elle se releva brusquement et appela :

— Saïd ? Saïd ?

Un Maure à la tête blanche, qui se tenait dans une pièce voisine, un livre à la main, accourut et l'interrogea du regard.

— Mon bon Saïd, lui dit-elle, toi qui es le plus savant médecin des Espagnes, sais-tu s'il existe un genre de mort qui n'altère point la beauté ?

Cette parole fit tressaillir le Maure, qui répondit avec vivacité :

— Que vous importe, madame ?

— Je veux le savoir.

— Eh bien ! répondit le Maure avec hésitation et attachant sur elle un regard pénétrant, je n'en connais point.

— Tu mens, Saïd ; tu mens, mon vieil ami...

— Je vous jure, madame...

— Ne jure pas, Saïd, Dieu punit les parjures.

— Mais pourquoi, balbutia le vieillard qui rougit sous ses cheveux blancs, pourquoi me faites-vous pareille question ?

— Réponds-moi sans feinte.

— Oh! s'écria Saïd, ne cherchez point à me tromper, madame, ne le cherchez point...

— Parle! dit-elle avec autorité.

— Vous avez quelque funeste dessein.

— Mais, parle donc!

— Madame, supplia le vieillard, par grâce! par pitié! au nom de vos aïeux, au nom de votre peuple...

— Saïd, interrompit-elle froidement, as-tu jamais aimé?

Le vieillard frissonna à cette question et il regarda la princesse avec une sorte d'effroi douloureux.

— Tu as aimé, continua-t-elle ; si je ne le savais déjà, je le devinerais à cette contraction subite de ton visage, à la crispation soudaine de tes lèvres, à cette pâleur d'ivoire qui vient de passer sur ton front cuivré. Tu as aimé, Saïd, et tu as souffert... Tu as souffert horriblement sans doute, car tes cheveux sont blancs, car ton dos est voûté avant l'âge, car vieillard déjà en apparence, le feu de ton regard et l'animation de ton geste trahissent un homme jeune encore... Saïd, l'amour t'a ployé et brisé comme il me ploie et me brisera...

— Grâce! exclama le médecin maure.

— Tu vois bien, reprit-elle avec cette froide exaltation qui trahit les volontés inébranlables, tu vois bien que ce mal t'a courbé sous son souffle de feu, et qu'aujourd'hui encore où le volcan est éteint, où l'orage est passé, tu frisonnes au souvenir de tes tortures, dont un seul mot rallume la cendre mal éteinte.

— On en guérit, murmura Saïd.

— Peut-être, dit-elle avec un sourire qui glaça d'effroi le médecin ; mais quand la guérison arrive, sais-tu de quel prix on l'a payée ?... Les cheveux ont blanchi, le front s'est ridé, les derniers vestiges de la beauté se sont évanouis.

La gitana s'arrêta, et un rire étrange plissa ses lèvres.

— Eh bien ! demanda Saïd frémissant, qu'est-ce que la beauté?

— Pour un homme, peu de chose peut-être ; pour une femme, tout. Vois-la passer, cette infortunée qui a laissé aux ongles roses de l'amour sa beauté et sa jeunesse, — vois-la passer, un soir, dans quelque rue sombre ou bruyante de Salamanque ou de Tolède ; — vois-la passer, hâve et tremblante, drapant sa taille raide et voûtée d'un haillon, ou cachant la maigreur de son bras sous des flots de dentelle et les pierreries d'un bracelet, duchesse ou mendiante, vois-la passer et regarde! Cette femme, Saïd, ni les moines qui psalmodient au seuil du temple, ni les étudiants dansant et buvant avec les ribaudes, ni les enfants charbonnés riant dans la boue, ni l'infante rêvant dans sa litière ne prendront garde à elle et ne s'arrêteront pour dire : Qui sait si elle n'a point bu goutte à goutte et jusqu'à la lie le calice des tortures humaines? — Et cependant cette femme, Saïd, a été belle à tenter un archange, — et si dix ans plus tôt elle eût rasé les murs de cette rue, tortueuse et sombre, si elle eût traversé cette place bruyante où nul ne l'aperçoit aujourd'hui, où un sourire de raillerie et de pitié vient heurter çà et là son morne regard, les étudiants eussent interrompu leurs danses, les enfants de dix ans eussent attaché sur elle un œil brûlant d'admiration, la jalousie eût mordu le cœur de l'infante, et tous peut-être eussent humblement demandé à Dieu le pardon d'un moment d'oubli!

La gitana s'arrêta et regarda Saïd avec son œil calme et résolu.

— Cette femme, poursuivit-elle, ce serait moi dans dix ans; moi, dont la beauté éblouit, moi dont les rois achèteraient l'amour au prix de leur couronne, moi qui pourrais bien un jour faire hausser les épaules de dédain à un varlet ou à un fauconnier!... Tu vois bien qu'il faut que je meure, Saïd, que je meure, si je ne veux être un objet de risée et de mépris, si je veux descendre au cercueil en reine et non en femme vulgaire !

— Mourir ! s'écria Saïd, mais vous n'y songez pas, madame! Mourir! vous si belle, si grande, vous la fille de nos rois...

— Oh! dit-elle avec un sourire, sois tranquille, je mourrai en fille de roi.

C'est pour cela, Saïd, que je t'ai demandé un genre de mort qui n'altérât point la beauté, car je ne veux pas que les souffrances du trépas contractent mon visage et le rendent un objet d'horreur pour ceux qui m'ont vue belle. Et puis il me verra, lui, car tu m'embaumeras, tu me placeras dans un coffre de sandal, avec des fleurs et des rubis dans les cheveux, parée comme en un jour de fête...

Saïd frissonnait et attachait un regard éperdu sur sa jeune maîtresse.

— Ensuite, continua-t-elle, tu escorteras et tu feras porter mon cercueil jusqu'à l'Albaïzin, dont il est gouverneur, et tu lui diras :

— Voici les restes de la femme qui vous aimait et que votre dédain a tuée...

La gitana s'interrompit encore; mais cette fois ni ricanement, ni sourire ne suivirent cette interruption ; son front s'inclina, rêveur, sur sa poitrine, une larme perla au bout de ses longs cils, et elle murmura d'une voix brisée :

— Alors, Saïd, s'il paraît ému, si cette beauté qui m'aura survécu et qu'il a dédaignée pendant ma vie le touche après ma mort; si, étreint une minute par le remords et la douleur, il incline son front vers mon front et dépose un baiser sur mes lèvres livides ; alors, Saïd, tu lui présenteras cette clé et tu lui diras :

— Celle qui vous aimait ouvrit un jour devant vous un coffre rempli de rubis, trésor inépuisable, fortune fabuleuse qui eût suffi à payer tous les royaumes d'Espagne, et elle vous l'offrit en vous disant : « Prends, puisque tu es ambitieux. »

— « Non, lui répondîtes-vous l'amour étouffe l'ambition, et je ne veux pas vous aimer. » — Eh bien ! aujourd'hui, don Paëz, elle est morte, vous n'aurez pas à l'aimer ; votre ambition n'aura point à souffrir de l'amour, et ces richesses là vous serviront. Prenez la clé de ce coffre, ce coffre est à vous... elle vous l'a laissé...

Elle étouffa un sanglot et continua :

— Si, au contraire, mon trépas ne le touche point, si son œil d'acier s'arrête froidement sur mon front pâli, si son cœur de marbre ne tressaille point, si ce sourire glacé qui me tue n'abandonne pas un seul instant sa lèvre dédaigneuse... Oh! alors, Saïd, comme je suis fille de roi, comme il faut que mon trépas soit vengé...

Sa voix trembla dans sa gorge, elle parut hésiter...

— Alors?... demanda le médecin maure.

— Prends ce poignard, Saïd; le dernier Abencerrage l'avait à son flanc le jour de sa mort, et avec ce poignard..

Elle hésita encore et voulut jeter l'arme loin d'elle; mais soudain une pensée terrible, un souvenir atroce illumina son cerveau.

— L'infante! murmura-t-elle, il l'aimera peut-être... et je ne le veux pas!

Et alors la larme qui brillait au bord de son œil s'évanouit, séchée au vent dévorant de la jalousie; un éclair remplaça cette larme, — la gitana tendit le poignard à Saïd et elle ajouta :

— Alors... tu le tueras !

— Mais vous voulez donc mourir ? s'écria le Maure tremblant.

— Je le veux !

— Ni les larmes de vos serviteurs, ni le souvenir de vos aïeux, ni le roi votre frère...

— Silence ! Tu sais, ô Saïd, si ma volonté est un mur d'airain ; je veux mourir, je mourrai !

— Mon Dieu ! mon Dieu ! murmura le Maure éperdu.

— Allons! reprit-elle, ton secret, Saïd, ton secret?

— Je n'en ai point...

— Tu mens!

— J'ai besoin de consulter mes livres, de méditer... il me faut une partie de la nuit... Demain j'aurai trouvé.

— Demain il sera trop tard, dit-elle froidement; je veux mourir aujourd'hui, ce soir, dans une heure... Tiens, vois ce soleil couchant, cette soirée splendide, ce lac bleu comme le ciel, immobile et calme comme lui; écoute cet hymne mystérieux qui monte de la terre au ciel par les mille voix de la brise qui pleure et de l'oiseau qui babille sous la feuillée, du ruisseau murmurant sous l'herbe et des forêts aux fonds desquelles résonnent des bruits inconnus... Dis, n'est-il pas doux de mourir à cette heure où tout va s'endormir et s'éteindre : l'oiseau dans son nid, la brise au fond des bois, les rayons du soleil, cet emblème de la vie, derrière les collines qui ferment l'horizon ? — Voyons, Saïd, parle vite ! il me faut ton secret...

— Eh bien ! s'écria le Maure avec l'accent du désespoir, j'ai composé un breuvage qui plonge en un sommeil profond.

— Bien... Après ?

— Après, on ouvre les veines des poignets et des pieds, et le sang fuit goutte à goutte sans que la victime éprouve la moindre douleur.

— Tu me passeras au bras mes plus gros bracelets, afin de cacher ma blessure; il ne faut pas qu'il voie le sang, il en aurait peut-être horreur. Ton breuvage, Saïd, prépare-le sur l'heure.

— Mon Dieu! supplia le Maure, attendez une heure encore, madame, rien qu'une heure...

— Mais tu ne vois donc pas, malheureux, s'écria-t-elle avec colère, tu ne vois donc pas que ce trépas que j'implore est une délivrance, et que cette heure que tu me demandes est une heure de tortures de plus ?... Appelle mes femmes, Saïd, je veux être belle et parée pour mourir, je veux prendre les vêtements que j'avais le jour où il vint et me vit ici ; je veux une couronne des fleurs les plus rares; à mes mains des bagues sans prix ; je veux, sous mon pied nu, des sandales de velours et d'or, et, dans le cercueil où tu me placeras, je veux que mes cheveux noirs, dénoués, s'arrondissent en boucles capricieuses et fassent un oreiller de velours à mon visage blanc et pâle.

Saïd frissonnait et gardait le silence.

— Mais surtout, reprit-elle, souviens-toi que je veux être belle, belle à éblouir... Tu m'arroseras de parfums pour chasser les haleines fétides du trépas... tu brûleras de l'encens dans ma tombe...

La gitana s'arrêta et prêta l'oreille... Un bruit inaccoutumé se faisait entendre dans le château :

— Qu'est-ce ? demanda-t-elle vivement et vivement troublée, qu'arrive-t-il ? que peut-il arriver ?

Saïd se précipita, heureux de cette diversion inespérée ; — mais soudain la porte s'ouvrit et un homme entra...

C'était Juan, le Maure de don Paëz.

— Où est le roi? demanda-t-il.

— Que lui voulez-vous?

— Je viens de la part de don Paëz.

— Que dites-vous? s'écria la gitana.

— Je dis que don Paëz a été disgracié et condamné à mort par le roi d'Espagne.

La gitana poussa un cri et chancela.

— Rassurez-vous, se hâta de dire Juan, il a fui... il est sorti de l'Albaïzin escorté par cinq cents lansquenets qu'il avait pris à sa solde et il s'est dirigé vers le camp du roi Aben-Humeya.

— Et après? demanda la princesse, devenue blanche et froide comme une statue.

— En route, il a appris que le roi se rendait ici pour vous voir, et il a pris le chemin du castel pour le joindre au lieu d'aller rallier l'armée maure.

— Mon Dieu ! s'écria la princesse hors d'elle-même, où est-il, et pourquoi arrivez-vous avant lui ?

— J'arrive avant lui parce qu'il a été attaqué par un régiment espagnol à trois lieues d'ici, et qu'un combat à outrance s'est engagé.

— Et vous l'avez abandonné ! exclama-t-elle éperdue.

— Il l'a voulu, répondit Juan. Cours, m'a-t-il dit, cours vers le château ; si le roi s'y trouve, dis-lui qu'il va être enveloppé et réunissez le plus de troupes qu'il vous sera possible pour défendre le castel, tandis que je tiens tête au premier choc et cimente notre jeune amitié avec mon sang et celui de mes lansquenets !

— Oh ! s'écria la gitana avec désespoir, il est mort peut-être...

En ce moment le bruit affaibli de la mousqueterie, arriva jusqu'à elle ; elle se dressa frémissante et courut à une tour au sommet de laquelle elle monta pour interroger l'horizon.

L'horizon paraissait désert; cependant, au couchant, un nuage de fumée étincelait aux derniers rayons du soleil et paraissait indiquer le lieu du combat.

Elle cloua son œil éperdue sur cette fumée, elle demeura haletante, anxieuse, le front dans ses mains et le corps agité d'un tremblement convulsif, semblant attendre que ce fatal nuage se déchirât et lui montrât son bien-aimé sain et sauf, la tête haute et l'épée à la main.

Mais le nuage ne se déchira point, le soleil disparut et la nuit jeta ses premières brumes sur les montagnes; — et à mesure que les ténèbres grandirent, l'éclair des mousquets brilla et les illumina de son fauve reflet; — et chacun de ces éclairs parut à la princesse chasser la balle qui trouerait la poitrine de don Paëz.

Mais enfin éclairs et bruit s'éteignirent graduellement; le nuage, un moment converti en volcan, reprit son aspect terne et blafard; et la princesse sentit une sueur mortelle inonder son front et le glacer...

Le combat avait cessé. — Don Paëz vivait-il?

Soudain, aux dernières et mourantes

clartés du crépuscule, un cavalier parut à l'horizon et se dirigea vers le castel.

Il était seul, et à sa vue la princesse tressaillit..

Etait-ce lui ?

Elle le suivit du regard dans sa course rapide ; elle trouva, tant son anxiété était grande, que le cheval qui le portait était fourbu ; les dix minutes qui s'écoulèrent avant qu'il vînt heurter les grilles du castel furent pour elle autant d'angoisses et d'agonie ; et quand enfin le cheval fut arrêté tout fumant, quand, au travers des ténèbres croissantes, il lui fut impossible de distinguer le visage de ce cavalier, — folle, éperdue, elle s'écria :

— Don Paëz? don Paëz?.. est-ce toi?

A ce nom, le cavalier leva la tête, et elle poussa un de ces cris d'ivresse que nulle voix, nulle plume ne rediront jamais et dans lequel se fondirent en une joie immense les sombres et navrantes douleurs, les angoises déchirantes qui avaient courbé le front et torturé le cœur de cette femme !

La gitana se précipita à la rencontre de don Paëz ; et tandis qu'elle bondissait avec la légèreté d'une biche effarouchée à travers les escaliers et les corridors, elle oubliait une à une toutes ses tortures et les froids dédains de don Paëz, et la dureté de ce cœur d'acier qui ne s'était ému ni à ses larmes ni à son désespoir.

Foulant sans pitié sous ses pieds délicats les fleurs et les arbustes entassés dans les corridors, coudoyant les serviteurs qui s'échelonnaient, étonnés, sur son passage, elle arriva ainsi jusque dans la petite cour où don Paëz venait de mettre pied à terre et de jeter la bride aux mains des varlets.

En voyant accourir vers lui cette femme à qui la passion donnait une beauté sublime, ce démon vêtu de satin et couvert de pierreries dont le regard le brûlait et le fascinait, à la voix duquel il tremblait involontairement, don Paëz chancela et pâlit.

— Encore elle! murmura-t-il tout bas.

Elle ne l'entendit point, et ne prit garde ni à son émotion ni à sa pâleur, — mais elle l'enlaça de ses bras de neige et lui dit :

— Vous vivez, don Paëz! les balles espagnoles ont donc passé sur votre tête et sifflé à vos oreilles sans vous atteindre? Vous êtes sain et sauf, ingrat!

Et elle le regardait avec enthousiasme, s'assurant qu'aucune goutte de sang autre que le sang ennemi ne maculait son pourpoint; — et elle avait peine à se contraindre et à se souvenir qu'elle était femme et princesse pour ne le point étreindre dans ses bras et sur son cœur.

Don Paëz était, lui aussi, trop troublé pour trouver un mot ou un geste qui peignît son étonnement d'une aussi étrange réception; — et, comme il se taisait, elle l'entraîna après elle, lui prit les deux mains, les pressa doucement, et lui dit :

— Savez-vous que j'ai bien souffert depuis votre départ ; savez-vous, ingrat, que mes larmes cristallisées donneraient plus de diamants qu'il n'y en a dans les coffres de mes ancêtres? Oh! tu m'as torturée, don Paëz, comme jamais ne le fut une pauvre femme ; ton indifférence, ton dédain, m'ont brisée.. Mais tu es noble et bon, don Paëz, de revenir ici, d'accepter enfin ce que mon frère t'a offert, de vouloir faire de nous ta famille... C'est bien à toi, don Paëz, car si tu ne fusses point venu, si tu eusses tardé un jour encore... tu ne me gronderas point, n'est-ce pas? tu ne m'en voudras point d'avoir douté de toi une heure, ô mon Paëz... Si tu eusses tardé; ami, tu n'aurais plus trouvé qu'un froid cadavre et

tu m'aurais aimée peut-être une heure...
Tu es venu. Merci ! merci, car la vie est
bonne avec toi, car nous te donnerons
une somme de bonheur si grande que
tu ne regretteras ni ce monarque ingrat
qui paie les services avec la hache du
bourreau, ni cette infante sans énergie
et sans cœur qui te laisse accuser et condamner sans oser te faire un invulnérable bouclier de son amour !... Oh ! cette
femme ne t'aimait point, Paëz : si elle
t'avait aimé, elle eût écrasé sous sa mule
de satin les ennemis qui ont miné ta
faveur, elle fût morte avant que l'arrêt
fatal tombât des lèvres du roi !

La gitana s'interrompit ; elle continua à entraîner don Paëz à travers les merveilleux appartements du castel, et elle le conduisit ainsi jusqu'à cette terrasse où elle était naguère avec Saïd et où Juan l'avait rejointe.

Alors, par respect sans doute pour l'amour et la folie de leur maîtresse, les serviteurs et tous les Maures la laissèrent seule avec don Paëz ; et, après un moment de silence, elle reprit :

— Oh ! si l'on venait t'enlever à moi, s'il se trouvait un homme assez hardi, soldat ou homme de justice, roi ou mendiant, pour me venir disputer mon

Paëz... cet homme, fût-il mon père ou
mon frère, je le déchirerais avec mes
dents; j'incrusterais dans sa chair l'ivoire de mes ongles; je le mordrais à
la gorge comme une hyène, avant qu'il
eût touché un cheveu de ta tête...

Don Paëz croyait faire un songe, et il
contemplait tout frémissant cette femme,
belle entre toutes, dans la splendeur
poétique de la passion, l'œil étincelant,
le geste hautain, le langage imagé; —
et son regard s'attachait sur elle avec
une sorte d'effroi, et il se demandait s'il
n'avait point affaire à un fils de l'enfer

devenu femme pour une heure, — le temps nécessaire pour le tenter.

— Vois-tu, reprit-elle, mon frère m'aime comme le fils de son sang, l'héritier de son nom ; pour moi, il renoncera à l'espoir d'une postérité ; pour moi, il abdiquerait la couronne... pour moi, pour me plaire, pour assurer mon bonheur, il te fera roi, s'il le faut ! Nous sommes réunis, don Paëz, nous serons époux et rois un jour... Tes rêves d'ambition, mes rêves de bonheur seront réalisés.

Elle s'arrêta encore, épiant un sourire, un mot d'amour, une étreinte ; — mais don Paëz se redressa hautain et froid, il la repoussa d'un geste de colère et s'écria :

— Arrière, démon ! arrière ! tu me ferais croire à l'amour et je ne veux point y croire, je finirais par t'aimer, et l'amour tue le génie. Arrière ! je ne veux pas t'aimer, je ne t'aimerai pas !

Elle poussa un cri, chancela et s'appuya défaillante, la lèvre crispée, le regard morne, à l'angle du balcon ; — et comme la folie arrivait sans doute et gagnait sa tête ébranlée, elle mesura d'un œil stupide la hauteur de la terrasse, la profondeur des flots du lac qui dormaient en bas, et elle prit son élan pour s'y précipiter.

La main de fer de don Paëz l'arrêta ; il l'enleva dans ses bras et la porta, mourante, sur le lit de repos ; — il accomplit tout cela froidement, sans que son cœur battît plus vite, sans qu'un muscle de son visage tressaillît, sans que sa tempe se mouillât... on eût dit une statue de marbre.

— Laissez-moi mourir ! murmura-t-elle d'une voix brisée. Paëz, sois noble, sois généreux, sois bon... laisse-moi mourir !

— Vous êtes folle! répondit-il en haussant les épaules.

Mais tout aussitôt la porte s'ouvrit et un homme entra.

Cet homme s'arrêta sur le seuil et mesura d'un coup d'œil rapide et froid la scène qu'il avait devant ses yeux et dont il devina le prologue.

A sa vue don Paëz recula, et la gitana, jetant un cri se précipita vers lui et l'enlaça étroitement :

— Frère, murmura-t-elle, frère, viens à mon aide; j'ai l'enfer dans le cœur.

— Enfant, répondit le roi maure, car c'était Aben-Humeya lui-même, calme-toi et espère... l'espoir ne meurt qu'avec la vie et je ne veux pas que tu meures...

Puis il se tourna vers don Paëz :

—Ami, lui dit-il, j'avais raison le jour où je te parlai de l'ingratitude de Philippe II et où je te prédis ta chute ; tu fus sourd à ma voix, tu dois voir aujourd'hui si elle était sage ; fugitif tu t'es rappelé de notre amitié et tu es venu me demander asile et vengeance, c'est noble à toi, don Paëz, et tu auras l'un et l'autre ! Mon lieutenant Aben-Farax, a été tué ce matin même dans une escarmouche, tu prendras sa place, ami, tu seras mon lieutenant, mon frère d'armes, mon successeur...

— Jamais! s'écria don Paëz tressaillant.

— Insensé! murmura don Fernand, qui t'as persuadué que l'amour et le génie ne pouvaient brûler à la fois le même cœur et la même tête; fou qui n'as jamais songé que la femme était en ce monde le but unique de l'homme et le seul mobile de ce qu'il peut faire de noble et de grand.

— Le vide de mon cœur est mon talisman, répondit froidement don Paëz; le jour où j'aimerai je serai un homme perdu!

— Eh bien! fit le roi avec bonté, puisque tu crois à ton talisman, don Paëz, sois-lui fidèle jusqu'au jour où tu seras monté si haut que nul ne pourra te renverser de l'échelle de l'ambition ; alors, jetant les yeux autour de toi, tu y retrouveras cette femme qui t'aime et dont tu brises si froidement le cœur avec ton dédain ; tu la verras, muette et tremblante sous ton regard, vivant de ton sourire, prête à tout oublier, prête à t'aimer encore comme elle t'aime à cette heure... Tu ne me réponds pas, don Paëz?

Don Paëz, en effet, avait une morne et sombre attitude, et son front plissé attestait le labeur pénible de sa pensée, se heurtant, bouillonnante, aux parois de son cerveau. Il attachait son regard glacé sur la gitana émue et tremblante : il paraissait soutenir une dernière lutte contre son amour au profit de son orgueil.

— Réponds-moi? demanda don Fernand de cette voix grave et entraînante qui fascinait; réponds-moi, don Paëz?

Don Paëz releva le front :

— Frère, dit-il, as-tu foi en ton étoile comme moi en la mienne?

— J'ai foi en mon droit :

— As-tu la certitude de reconstituer le royaume de Grenade et de vaincre ce sombre monarque qu'on nomme Philippe II ?

— Peut-être, murmura don Fernand avec un sourire, pourvu que tu ne me maltraites point souvent comme il y a trois jours sous les murs de l'Albaïzin.

— En ce cas, s'écria don Paëz, frère, je suis à toi! Je t'ai amené cinq cents hommes, je viens de soutenir une lutte acharnée à leur tête, et de passer sur le corps d'un régiment qui fuit, à cette heure, sanglant et mutilé... Ces hommes sont campés à une lieue d'ici et ils m'attendent ; je cours les chercher et je combats désormais avec toi, côte à côte et sans relâche, car je veux me venger !

— Et si nous sommes vainqueurs ? demanda le roi maure.

— Eh bien ! fit don Paëz.

— Ma sœur... murmura le roi.

Don Paëz hésita :

— Eh bien ! reprit-il, je l'aimerai.

Il lui sembla sans doute que ce mot déchirait sa gorge, que cette promesse il ne la faisait qu'à regret, car il détourna la tête et poussa un soupir.

— Frère, dit don Fernand, patience et courage! tu seras roi!... Mais il ne faut point nous attarder ici, il ne faut pas que l'ennemi nous surprenne; j'ai à peine deux cents hommes autour de moi, et le gros de mon armée n'arrivera que demain à la pointe du jour. L'ennemi ignore sans nul doute que j'ai quitté mes troupes, et son attention est concentrée sur elles; mais un espion bien renseigné, la trahison d'un soldat pourraient découvrir ma retraite, et alors il ne nous resterait qu'à vendre chèrement notre vie... A cheval, ami, et rejoignons tes hommes.

— Mon frère les commande, répondit don Paëz, et ils seront ici dans vingt minutes.

Et tout aussitôt don Paëz prit sa trompe et sonna les premières notes de cette fanfare familière à Hector.

La voix était puissante, les notes de la fanfare traversèrent l'espace et durent aller se heurter au nuage de fumée duquel la gitana avait vu, une heure auparavant, sortir don Paëz ; mais aucun son n'y répondit d'abord, et ensuite, au lieu de la ballade écossaise que le roi maure et don Paëz attendaient, un bruit de mousqueterie s'éleva au milieu du silence, et tout étonnés, Aben Humeya et don Paëz se regardèrent :

— Encore le régiment espagnol! murmura don Paëz.

Le canon gronda.

— Diable! fit don Paëz, ils n'avaient pas d'artillerie naguère.

— Voyez! voyez! s'écria à son tour le roi, en étendant la main dans une direction opposée.

Don Paëz suivit du regard la main du roi et recula d'un pas.

A l'horizon oriental des feux venaient

de s'allumer au sommet des montagnes, et, à la lueur de ces feux, des armures nombreuses étincelaient, et l'on pouvait voir flotter les étendards espagnols.

— A cheval! s'écria Aben-Humeya, nous sommes trahis et nous allons être enveloppés; le sud est libre encore et la retraite est possible.

— Trop tard! murmura don Paëz; regarde!

A son tour il étendit la main vers le sud, dont les collines venaient de se couronner d'une crinière de feu; puis, vers le nord, où des feux semblables s'allumaient. A cette vue, le roi maure poussa un cri de rage et s'écria :

— Dieu ne serait-il donc point pour nous?

───────

Ces collines, sombres et silencieuses naguère, verte ceinture nouée au flanc d'une fraîche vallée, venaient de revêtir une teinte rougeâtre et lugubre qui semblait annoncer un drame prochain. Ces feux allumés, ces armes étincelantes, ces lointains hurlements du canon et de la mousqueterie disaient assez que les Espagnols connaissaient la retraite du roi maure et que tant de préparatifs n'avaient point été faits dans le but de prendre un simple castel sans autres fortifications que des jardins et sommeillant au bord d'un lac avec la confiance de la coquetterie et de la faiblesse. Ces deux hommes qui suivaient en ce moment d'un œil éperdu les rapides dispositions de ce siége étaient braves entre tous; ils avaient coutume de contempler la mort face à face et le dédain aux lèvres; ils avaient confié leur vie l'un et l'autre, on s'en souvient, aux chances hasardeuses d'une partie de dés. Et cependant ils frémirent tous deux en cet instant, car la mort arrivait cette fois lentement et à peu près inévitable, inutile et presque sans gloire...

Un roi allait être massacré, un favori en disgrâce, un homme de génie allait être obscurément assassiné par deux ou trois régiments qui ne songeraient pas même à saluer avec respect ces deux héros dans leur chute.

Tous deux se regardèrent un instant avec une anxiété terrible.

— Que faire? murmurèrent-ils tous deux.

— Combien avons-nous d'hommes? demanda don Paëz.

— Deux cents ; et de plus les serviteurs du castel.

— Eh bien! aux armes, et défendons-nous!

— Impossible! nous n'avons pas même de remparts.

— Nous tiendrons bien une heure au moins, et cela suffit pour que notre trépas soit immortalisé. Frère, ajouta don Paëz avec enthousiasme, mourons, s'il le faut, mais espérons jusqu'au dernier moment... J'ai foi en mon étoile.

— Et moi je vois la mienne pâlir et s'éteindre, murmura le roi maure.

— Frère, courage!

— Et mon peuple, que deviendra-t-il?

— Dieu veillera sur lui.

Don Fernand leva les yeux au ciel avec accablement; puis les reportant sur la terre, il laissa tomber son regard sur sa sœur qui, muette et glacée, paraissait absorbée par un pénible rêve :

— Et ma sœur, murmura-t-il, que deviendra ma sœur?

Don Paëz tressaillit.

— Les Espagnols l'épargneront, dit-il.

— Oh! s'écria don Fernand, je la tuerais plutôt de ma main que de la voir tomber en leur pouvoir.

Et, joignant le geste à la parole, don Fernand mit la main à la garde de son épée.

Mais soudain une idée traversa son esprit; il refoula l'épée dans son fourreau et revint à don Paëz :

— Écoute, dit-il, il y a ici un souterrain qui communique avec la Sierra.

Don Paëz poussa un cri de joie :

— Nous sommes sauvés! dit-il.

— Ma sœur, du moins, et toi avec elle, répondit don Fernand. Ce souterrain se trouve ici même, tiens, regarde...

Et don Fernand fit jouer un panneau de boiserie qui mit à découvert les premières marches d'un escalier.

— Deux personnes, reprit-il, y peuvent cheminer de front; tu prendras ma sœur dans tes bras et tu l'emporteras...

— Et toi? demanda don Paëz.

— Moi, dit simplement don Fernand, je reste ici, je ne dois point fuir.

— Mais je fuis bien, moi; s'écria don Paëz.

— Tu le peux; moi je ne le peux plus...

— Que veux-tu dire?

Je suis roi.

— Eh bien! moi, fit don Paëz en relevant la tête, je serai digne de l'être, je je ne fuirai pas!

— Tu fuiras! don Paëz, car il faut que ma sœur soit sauvée.

— Elle peut l'être sans moi ; confie-la à un serviteur.

— Tu fuiras, reprit don Fernand, car mon peuple a besoin d'un roi.

Don Paëz frissonna.

— Ne me tente pas ! s'écria-t-il, et laisse-moi mourir à tes côtés.

— Don Paëz, don Paëz, murmura don Fernand, l'heure s'écoule et nous dépensons les minutes en vaines paroles. Prends ton épée, don Paëz, et emmène ma sœur.

— Mais tu veux donc que je devienne un lâche !

— Je veux que tu sois roi, don Paëz.

Les rois, mes pères, transmettaient la couronne aux femmes quand ils n'avaient pas de rejetons mâles; — moi, je meurs sans enfants, et je laisse mon sceptre à ma sœur. Or, tu sais bien, ami, qu'elle t'aime et te voudrait donner l'empire du monde au lieu de ce trône, encore chancelant, que j'ai sacré de mon sang et de celui de mes sujets. Tu la conduiras à l'armée maure, que j'ai quittée la nuit dernière et qui arrivera trop tard ici; elle se fera reconnaître, tu l'épouseras et tu seras roi. Tu veux te venger, ami, la haine universelle vouée à Philippe II est entrée enfin dans ton cœur! Eh bien! tu pourras maintenant traiter de roi à roi, d'égal à égal ; tu pourras soutenir dignement la lutte... et si tu tombes, un manteau de pourpre sera ton linceul !

CHAPITRE TREIZIÈME

XIII

Don Paëz pressait son front dans ses mains.

— Non, Fernand, murmura-t-il, cela est impossible ; je ne t'abandonnerai pas!...

— Mais songe, malheureux, que ma sœur et mon peuple te réclament...

— Je serais un lâche !

— Tiens ! s'écria don Fernand avec colère, et étendant la main vers le sud, regarde...

Et, en effet, aux pâles et tremblants reflets des feux allumés sur les montagnes pour servir de signaux, on apercevait de nombreux bataillons descendant au pas de course vers le castel.

— Appelle un serviteur... dit don Paëz.

— Insensé ! exclama don Fernand, qui ne vivais que par l'ambition, qui eus vendu ton âme pour un homme qui, maintenant, n'as qu'un seul mot à dire, quelques pas à faire pour être roi... insensé! tu restes en chemin!

— Tais-toi! tais-toi, don Fernand! s'écria don Paëz.

Et don Paëz avait raison de lui imposer silence, car une lutte terrible s'était engagée dans son cœur et dans sa tête, entre son égoïsme et ses instincts chevaleresques. Un trône ne valait-il point un ami?

Mais don Fernand reprit avec animation :

— Tu fuiras, don Paëz, car je n'ai pas d'héritiers de ma race, et ma sœur qui

t'aime n'épousera jamais un autre que
toi. Tu fuiras, don Paëz, car si tu me résistes encore, eh bien! j'en appellerai au
hasard pour décider, et le hasard sera
pour moi.

— Que veux-tu dire?

— Je veux dire qu'une fois déjà, ami,
ton sort fut dans mes mains, grâce à une
partie de dés.

— Eh bien? fit don Paëz tressaillant.

— Eh! bien! tu ne me refuseras point
de me jouer une fois encore ta vie contre
un sceptre de roi.

Don Paëz hésitait toujours.

— Allons, frère, s'écria don Fernand,

regarde : l'ennemi s'approche, le temps s'écoule ; décide-toi...

— Soit! répondit don Paëz en baissant la tête.

Don Fernand ouvrit la bourse qui pendait à son flanc droit et en tira une pièce d'or. Sur l'une des faces était le millésime; sur l'autre, l'effigie de Charles-Quint.

Il la jeta en l'air et don Paëz la suivit de l'œil en frissonnant.

Quelle étrange émotion le domina en cet instant? Souhaita-t-il d'être vainqueur ou vaincu? C'est ce que nul n'eût pû dire.

— Roi ! s'écria-t-il en tremblant.

La pièce pirouetta une seconde, puis retomba sur le millésime.

Don Fernand poussa un cri :

— Frère, dit-il, tu es vaincu, et tu vivras !

— Mon étoile ne pâlit donc pas ? murmura don Paëz.

— Fuis, reprit don Fernand ; hâte-toi, l'heure marche !

Don Paëz se pencha sur le lit de repos, y prit la gitana, dont les dents claquaient d'effroi, et l'enlaçant de ses bras nerveux :

— Venez ! lui dit-il.

Mais, à son tour, elle se leva et, courant à don Fernand, dans le sein duquel elle cacha sa tête en feu :

— Je ne veux pas fuir! dit-elle, je veux mourir avec toi, mon Fernand!

— Fuis, ma sœur, répondit le fier jeune homme; il faut que don Paëz soit roi!

— Mon Dieu! s'écria-t-elle, fuis donc avec nous, Fernand!

— Cela ne se peut, dit-il avec calme; si demain don Paëz se trouve dans le même cas que moi aujourd'hui, il mourra à son poste... car demain il sera roi.

La gitana se tordait les mains avec désespoir.

L'ennemi approchait toujours, le bruit de la mousqueterie augmentait et devenait strident... il n'y avait pas une minute à perdre.

— Bientôt il sera trop tard, dit vivement le roi maure, prends cette torche, Paëz, et fuis!

Don Paëz rejeta la princesse à demi évanouie sur son épaule, s'arma de la torche et tendit la main à don Fernand :

— Adieu! lui dit-il, adieu le plus noble et le plus brave des hommes... martyr du devoir et de l'honneur, adieu!

— Adieu, frère, répondit don Fernand. Ce souterrain aboutit à la Sierra ; quand tu en auras atteint l'extrémité, quand tu te retrouveras au grand air, retourne-toi, don Paëz, fixe ton regard sur ce castel, que la fumée de la mousqueterie enveloppera, et attends que cette fumée s'évanouisse. Je veux que tu assistes à mon trépas et que tu saches comment meurent les rois! Adieu...

Et don Fernand, ému un instant se redressa fier et superbe; il remit son chapeau sur sa tête, posa sa main sur le pommeau de son épée, et, tandis que don Paëz disparaissait par le souterrain, emportant dans ses bras la gitana désespérée, il cria d'une voix forte et retentissante :

— Aux armes! Maures, aux armes!

La garnison du castel était faible en nombre, mais elle avait ce courage du dévoûment qui double les forces humaines.

Tous ces soldats, qui adoraient leur souverain et avaient foi en lui comme en Dieu, vinrent se ranger à ses côtés, sûrs d'avance qu'au matin suivant pas un d'eux ne vivrait encore, mais fiers de mourir à la droite et sous les yeux du dernier descendant de leurs vieux rois.

Le castel était une coquette demeure, un nid de colombe, une charmante retraite de femme ; ses fossés étaient des jardins embaumés, ses ponts-levis de simples grilles d'un merveilleux travail, ses remparts de simples terrasses où des hamacs encore suspendus se balançaient au souffle de la brise ; quelques heures auparavant, il eût semblé impossible, même à un vieux soldat, d'y opposer la moindre résistance.

Eh bien ! en quelques minutes, jardins embaumés, fraîches terrasses, boudoirs coquets, salles de bain eurent pris une tournure martiale, et l'odeur de la poudre en chassa les parfums d'Orient et les senteurs enivrantes des arbres et des fleurs. On roula des obusiers sur les balcons, chaque fenêtre fut convertie en meurtrière, chaque salon en porte de défense, et toutes ces dispositions furent prises sans fracas; — si bien que l'ennemi, qui s'avançait simultanément des quatre points cardinaux, espéra un moment surprendre le castel et ses hôtes, faire le roi prisonnier, presque sans coup férir.

Mais au moment où il arrivait à la portée du canon, les fenêtres, les terrasses, les jardins s'illuminent; le castel flambloya une seconde comme un volcan qui se rallume tout à coup après plusieurs siècles de sommeil et de silence, — puis un ouragan de fer et de feu s'en échappa avec un fracas lugubre et alla apprendre aux assiégeants que les rois chevaliers ne s'endorment que sur l'affût d'un canon.

Don Fernand monta au beffroi du castel. Une lunette d'une main, son épée de l'autre, il s'apprêtait à voir les péripéties du combat, avant de mourir lui-même ; — et quand l'action fut engagée, il vit tomber chaque soldat avec un sourire d'orgueil, car ce soldat mourait en héros. Et quand les défenseurs du castel ne furent plus qu'une poignée d'hommes, quand les jardins furent occupés par l'ennemi, les grilles enfoncées, quand le sang ruissela sur les fleurs de cette poétique retraite, lorsque chaque boudoir, naguère empli de parfums et jusque-là retraite inviolable de la beauté, eut été empli de morts et de mourants, don Fernand quitta son poste d'observation et descendit l'épée haute, pour aller à ce trépas héroïque, le plus noble sacre d'un roi.

— Ombre de Boabdil, s'écria-t-il alors, toi qui n'eus point la force de mourir sous les murs de Grenade et t'arrêtas un moment au sommet des montagnes pour contempler une dernière fois les murs sacrés de l'Alhambra, tu eus tort en cet instant de murmurer : « Ma race est déshonorée ! » car moi, le dernier fils de cette race, je meurs la tête haute, le sourire aux lèvres, l'espoir au cœur et l'épée à la main ! . . . .

Pendant ce temps, don Paëz fuyait, emportant la gitana.

Il mit près d'une heure à sortir du souterrain ; et quand il en atteignit l'issue opposée, le combat était engagé sous les murs du castel.

Alors, fidèle aux dernières volontés de don Fernand, il déposa son fardeau sur le gazon et se retourna.

Certes, il n'avait jamais eu sous les yeux spectacle plus poignant et plus grandiose.

Les montagnes qui fermaient la vallée étincelaient sous le ciel assombri, tandis que la vallée était plongée tout entière dans les ténèbres, à l'exception d'un seul point qui concentra l'attention de don Paëz et celle de la gitana, qui, les coudes sur les genoux, soutenant son front dans ses mains, dardait sur ce spectacle ses yeux égarés.

Ce point était enveloppé d'un nuage blanc qui se déchirait à chaque minute et laissait échapper des éclairs dont le reflet brûlait les yeux de don Paëz ; — et, à la lueur de ces éclairs, malgré l'éloignement, on distinguait facilement alors une silhouette d'homme, se dessinant en noir au sommet d'une tour, sur le bleu foncé du ciel; — et alors encore les yeux de don Paëz abandonnaient les détails du tableau pour s'attacher, fixes et désespérés, à cette silhouette.

Don Paëz et la gitana demeurèrent longtemps immobiles tous deux à la même place où ils s'étaient arrêtés; tous deux ils ne cessèrent de contempler cette silhouette, dont la calme attitude était un poëme de bravoure et d'orgueil ; — et quand la silhouette eut disparu et se fut abîmée dans le nuage, ils continuèrent à écouter, anxieux, le bruit du canon et le sifflement des balles, comptant chaque éclair et chaque détonation...

Et puis il vint un moment où éclairs et détonations s'éteignirent, où le nuage, jusque-là opaque et condensé, se déroula lentement en capricieuses spirales, et commença à monter dans l'azur du ciel... Et tout aussitôt un flamme rougeâtre et sombre d'abord, puis bleue et blanche s'éleva au milieu du nuage, et don Paëz et sa compagne jetèrent un cri.

Don Fernand était mort — et le château brûlait.

Alors don Paëz se redressa; il poussa un soupir, mit la main à la garde de son épée, et, rejetant la tête en arrière avec un geste plein de noblesse, s'écria d'une voix grave et solennelle :

— J'avais donc raison de croire en toi, ô mon étoile, — je suis roi !

— Et tu m'aimes, n'est-ce pas? murmura la gitana en courant vers lui et l'enlaçant de ses bras d'albâtre. Oh! aime-moi, mon Paëz, car je n'ai plus que toi maintenant, et le sang de mon père vient de sacrer notre union.

Mais don Paëz répondit soudain :

— Arrière ! femme ! je n'ose pas t'aimer, car le jour où je t'aimerai, le malheur fondra sur moi et j'aurai perdu mon génie !

C'était la troisième fois que don Paëz repoussait impitoyablement cette femme, qui lui parlait d'amour avec sa voix enchanteresse et son regard fascinateur. Pour la troisième fois il lui disait : « Je ne t'aime pas ! je ne veux pas t'aimer ! »

Mais, cette fois, sa voix tremblait si

fort en prononçant ces mots, que la gitana tressaillit de joie et répondit :

— Tu ne m'aimes pas, don Paëz, tu ne m'aimes point encore, mais l'heure est proche où tu m'aimeras.

— Ne dis pas cela, s'écria don Paëz, ou je renonce sur l'heure à ce trône que tu me vas donner !

— Fou ! dit-elle en haussant les épaules, ce trône est à moi, je puis en disposer et je n'ai pas besoin que tu m'aimes pour t'y faire asseoir. Quand ton ambition sera satisfaite, quand tu n'auras plus ni trésors, ni pouvoir à désirer, il faudra bien que tu te laisses aller à ce courant du bonheur, que tu remontes sans cesse ; il faudra bien que ton œil, lassé d'explorer les déserts arides et les horizons inconnus, s'arrête enfin sur l'oasis et s'y fixe... Et alors, don Paëz, je ne te dirai plus comme naguère, « Aime-moi, » ce sera toi, ami, qui viendras emprisonner mes mains dans les tiennes, qui mettras les genoux en terre devant moi et me diras avec un baiser : « Aimons-nous ! »

Don Paëz eut un geste d'impatience.

— Jusque-là, poursuivit-elle, hais-moi si tu le peux, don Paëz ; traîne-moi à ta suite sans laisser tomber sur moi un seul regard, assieds-toi sur le trône à mes côtés, sans me dire : merci ! Que m'importe ! j'attends mon heure, et elle viendra. Quand nous aurons atteint l'armée maure, je me ferai proclamer, puis je t'offrirai ma main. Accepte-la, don Paëz, accepte-la sans hésitation ni remords, car la glace de ton cœur se fondra au soleil de mon amour, et je serai largement payée de tes dédains passés et de ta cruauté.

Et la voix de cette femme, vibrant ainsi solennelle et triste, sous un ciel étoilé, en face d'un incendie, au milieu de la solitude et du silence de la nuit, cette voix était empreinte d'une sauvage et poétique harmonie qui résonnait jusques au fond du cœur de don Paëz, et l'agitait d'un trouble inconnu.

Il demeura un moment immobile et le front courbé sous ces reproches si poignants et si doux, un moment il fut sur le point de tomber aux genoux de cette femme et de lui dire :

— Pardonne-moi, je t'aime, et la gloire n'est rien pour moi désormais auprès de ton amour.

Et elle attendait ce moment, sans nul doute, car elle demeura immobile, elle aussi, les bras ouverts, l'œil humide, attachant sur lui son regard velouté tout rempli d'enivrants espoirs.

Mais une fois encore l'orgueil de don Paëz l'emporta sur son cœur, et il répondit froidement :

— Pardonnez-moi, madame, d'avoir manqué de courtoisie avec vous, et prenez mon bras. Nous allons nous orienter et nous mettre sur les traces de mes lansquenets, qui, sans doute, ont été refoulés assez loin d'ici. Vous êtes lassée, je vais vous porter. Vos pieds se meurtriraient aux ronces de la Sierra.

Elle poussa un soupir de résignation.

— Merci, dit-elle ; je marcherai.

— Mais vous êtes brisée, fit-il avec bonté et touché de la tristesse digne et grave de cette femme qu'il torturait ainsi.

Elle faillit le remercier de l'émotion avec laquelle il prononça ces paroles; mais elle était femme, c'est-à-dire capricieuse, et, à son tour, elle lui dit froidement et avec une raillerie aiguë et presque navrante.

— Vous oubliez, monsieur, que je suis Bohémienne, et que les Bohémiennes courent nu-pieds à travers les ronces et les cailloux des sierras.

Cette phrase, prononcée avec calme, alla au cœur de don Paëz :

— Vous êtes cruelle, madame, murmura-t-il.

— Eh bien ! lui dit-elle en redevenant triste et pensive comme il convient à ceux qui perdent en un jour un père ou un frère en héritant d'une couronne, à des fronts qu'inclinent encore la douleur et le souci, oublions tous deux ce que nous avons pu nous dire de cruel, et partons ! La nuit est avancée, nous sommes seuls, presque sans armes, nous pourrions, d'un moment à l'autre, tomber au pouvoir des bourreaux ; marchons, monsieur !

Elle lui prit le bras et s'y appuya avec force ; — elle sentit ce bras trembler sous sa main et l'ivresse remplit son cœur.

— Il m'aime déjà, pensa-t-elle.

En même temps, don Paëz tout frémissant murmurait tout bas :

— O ambition, mon astre conducteur, mon étoile polaire, à moi ! je vais l'aimer.

Ils s'engagèrent, silencieux et recueillis, à travers les bruyères humides déjà de la rosée du matin, imprégnées des enivrantes senteurs de la nuit, comme deux époux qui vont à l'autel, — graves et tristes comme ceux qui conduisent un deuil funéraire, s'appuyant l'un sur l'autre, et écoutant, à leur insu, l'hymne d'amour que chantaient leurs cœurs, unis déjà par un lien mystérieux et inconnu.

L'action de la nature est puissante sur l'âme des hommes : — la nuit était belle ; à peine un léger souffle de vent bruissait dans les arbres, le grillon et l'oiseau de nuit troublaient seuls de leur cri monotone l'austère silence de la sierra, tout embaumée du parfum des grenadiers et des lauriers-roses. Certes, les deux amants ne pensaient plus en ce moment au théâtre de la guerre et au récent combat qui avait ensanglanté le sol qu'ils foulaient. — Tout entiers à leur rêverie, on eût dit un page maure et une sultane errant, l'amour au cœur et sur les lèvres, dans les jardins ombreux de l'Alhambra, pendant une nuit où le roi trop confiant aurait laissé après leurs serrures les lourdes clés de son harem.

Tout à coup la princesse jeta un cri et recula ; son pied venait de heurter un corps inerte et flasque, un cadavre! Ils foulaient le théâtre même du combat engagé dans la soirée précédente entre les lansquenets et les Espagnols.

— Horreur! murmura-t-elle.

Don Paëz la prit dans ses bras et la porta.

Les premières clartés du matin commençaient à iriser l'horizon oriental, et à leur lueur indécise, l'œil d'aigle de don Paëz inspecta le champ de bataille. Il était jonché de cadavres, et chaque bloc de roche blanchissant parmi les bruyères sombres était jaspé de taches sanglantes.

Parmi les morts, il y avait beaucoup

de lansquenets, et don Paëz jugea que ses cinq cents hommes avaient été terriblement décimés ; mais les Espagnols étaient en plus grand nombre, et il comprit qu'ils avaient dû plier et battre en retraite dès la première heure.

Tandis que don Paëz traversait le théâtre de la lutte, un éclair brilla au sommet d'une roche et une balle vint siffler aux oreilles des fugitifs.

Don Paëz leva précipitamment la tête et aperçut une douzaine de soldats espagnols qui, campés sur un petit plateau de rochers pendant la nuit, avaient été éveillés par le bruit des pas de don Paëz sur la bruyère.

Don Paëz n'avait d'autre arme que son épée, il était donc dans l'impossibilité de se défendre contre d'aussi nombreux adversaires ; — s'il eût été seul, il eût, sans nul doute, marché sur eux l'épée haute, prêt à se faire tuer plutôt que de lâcher pied.

Mais il avait à côté de lui une femme, une femme de qui il allait tenir un trône, une femme qu'il était sur le point d'aimer, qu'il aimait déjà sans oser se l'avouer encore, et il la serra dans ses bras et se prit à courir.

La distance qui le séparait des soldats était assez grande, il l'eut doublée en quelque bonds, mais à leur tour, ceux-ci quittèrent leur attitude d'immobilité, ils se mirent à sa poursuite et firent feu sur lui plusieurs fois. L'étoile de don Paëz ou sa présence d'esprit à se courber et à dissimuler sa course au milieu des bruyères le sauvèrent. Les balles passèrent près de lui sans l'atteindre, et presque toujours la gitana dans ses robustes bras, il continua à bondir de bruyère en bruyère, de roche en roche, avec la légèreté d'un daim qui fuit le plomb du chasseur.

Mais les soldats couraient aussi et continuaient à faire feu, les balles pleu-

vaient autour de don Paëz, — et don
Paëz, désespéré, cherchait d'un œil
éperdu, un abri, un secours, et n'apercevait rien.

Tout à coup il se trouva au bord d'un
précipice, et dans l'impossibilité d'échapper, sans le franchir à ses implacables
ennemis. De l'autre côté de ce gouffre
de rochers, il remarqua les traces d'un
campement construit à la hâte avec des
branches d'arbres et des blocs de roche,
et déserté sans doute à la hâte, car on
voyait épars une douzaine de fusils.

Don Paëz s'arrêta une seconde à la
lèvre du gouffre, il en mesura la largeur

d'un coup d'œil assuré et rapide, et puis, toujours confiant en son étoile, il prit son élan pour le franchir,

Il fallut que ses jarrets eussent acquis la souplesse et l'élasticité de ceux du tigre, car il retomba sur le bord opposé et ne chancela point !

Il avait mis entre ses ennemis et lui un abîme de plusieurs centaines de toises de profondeur et de quinze pieds de largeur.

Courir à la redoute abandonnée, déposer la gitana dans le coin le plus abrité, puis s'armer d'un fusil encore chargé et revenir au bord du gouffre, fut pour don Paëz l'affaire de quelques secondes.

Les soldats arrivaient en courant, — don Paëz épaula, le canon du mousquet s'abaissa lentement, un éclair brilla, un soldat poussa un cri étouffé et tomba à la renverse.

Don Paëz prit un autre mousquet et fit feu une seconde fois, — un autre Espagnol mordit le sol ensanglanté.

Alors la gitana, cette créature si faible devant les émotions de l'amour, retrouva cette mâle énergie des femmes méridionales à l'heure suprême du danger; elle quitta le lieu où don Paëz l'avait placée, elle s'arma comme lui d'un mousquet et vint se placer à ses côtés.

Ce fut une lutte héroïque entre toutes, celle que soutinrent cet homme et cette femme à qui l'amour donnait force et courage, un poëme épique tout entier passa dans dix minutes, et à la fin duquel il n'y eut plus sur le bord opposé du gouffre, qu'un monceau de cadavres, alors que don Paëz et sa compagne était debout encore.

Don Paëz se retourna vers elle avec un sourire de triomphe et d'orgueil ; mais il poussa un cri et recula... La gitana était pâle et chancelante, et quelques goutelettes de sang rosé perlaient sur sa robe blanche.

— Mon Dieu ! s'écria don Paëz, au secours ! à moi !...

— Ce n'est rien, murmura-t-elle d'une voix éteinte, une balle m'a frappée.

Elle s'évanouit dans les bras de don Paëz qui la soutint, et poussa un cri de fureur intraduisible.

— Oh ! s'écria-t-il, malheur à moi... je l'aimais !

Et abandonnant la redoute, il reprit sa course à travers les bruyères, et s'enfuit, cherchant partout une source quelques gouttes d'eau,—et ne les trouvant pas.

Tout à coup, dans le silence des bois, dans le lointain, le son d'une trompe de chasse se fit entendre ; don Paez reconnut la fanfare du roi Robert et poussa une exclamation de joie.

— A moi, Hector ! cria-t-il ; à moi les lansquenets !

Et il emboucha sa trompe à son tour, répondit à la fanfare, puis continua à courir, ivre d'impatience, d'angoisse et de fureur.

La rapidité de la course ranima la gitana.

— Don Paëz... fit-elle tout bas.

Il s'arrêta palpitant de joie, la déposa sur l'herbe et, l'œil humide, frémissant, il dégrafa sa robe, déchira la chemise et chercha la blessure... Une balle avait effleuré les chairs et la plaie n'offrait aucune gravité.

Les anges durent noter, pour en faire un hymne de reconnaissance, le cri de joie qui échappa alors à don Paëz; et, à ce cri, la gitana répondit par un autre non moins ardent, non moins passionné :

— Ah! dit-elle, tu m'aimes donc enfin!...

Il se redressa comme un taureau fougueux que les chiens ont mordu pendant son sommeil ; son front se plissa, il voulut blasphémer et la repousser encore, mais cette fois son cœur parla plus haut que son orgueil ; il s'agenouilla près d'elle, prit ses petites mains dans les siennes, appuya ses lèvres brûlantes sur son front pâli, auquel il imprima un long baiser et murmura :

— Pâlisse maintenant mon étoile ! peu m'importe ! je viens d'éprouver un moment d'ivresse que dix siècles de gloire et de puissance ne pourraient faire oublier.

En ce moment, la fanfare du roi Robert se fit entendre de nouveau ; don

Paëz bondit sur ses pieds et cria : à moi Hector ! Hector, à moi !

Don Paëz rejeta sa trompe sur l'épaule, reprit la gitana dans ses bras et s'élança dans la direction qu'avait suivie la fanfare du roi Robert, en arrivant jusqu'à lui.

A l'horizon des bruyères et à l'extrémité du plateau qu'il foulait, le gentilhomme remarqua la lisière d'une grande forêt de chênes noirs, du milieu desquels semblait être partie la première note du cor de chasse ; il y dirigea sa course, et bientôt, aux clartés naissantes du jour, il vit étinceler des armures au travers des arbres.

Bientôt encore un cavalier sortit du bois et s'élança au galop à sa rencontre.

C'était Hector lui-même.

— Frère, lui cria-t-il, est-ce toi?

— C'est moi, répondit don Paëz, moi le roi!

— Toi le roi?

— Depuis une heure, répondit-il, au moment où il touchait presque au cheval d'Hector.

— Eh bien murmura Hector frémissant, la couronne devient ton arrêt de mort... Tiens, ajouta-t-il, étendant sa main vers le sud-est, écoute... n'entends-tu pas un bruit lointain de mousqueterie ?

— En effet... Quel est ce bruit ?

Ce bruit est celui d'une lutte suprême que l'armée maure, ton armée maintenant; don Paëz, — soutient contre trois armées espagnoles qui l'ont enveloppée.

— Tu mens ! frères, tu dois mentir ! s'écria don Paëz.

— Je dis vrai, frère, murmura Hector d'une voix sombre ; les ennemis étaient bien instruits, et ils savaient que tu joindrais don Fernand si tu parvenais à t'échapper de l'Albaïzin. Tu as fui, et soudain trente mille hommes qui se tenaient sur la défensive se sont avancés de toutes parts, et ont enveloppé l'armée maure que tu avais déjà décimée il y a trois jours... Nous nous sommes battus, moi et tes lansquenets, une partie de la nuit, et nous n'avons dû notre salut, après avoir laissé la moitié de nos gens sur la place, qu'à la hâte qu'avaient nos ennemis, ne te voyant point parmi nous, d'aller écraser l'armée maure à la tête de laquelle ils te croyaient.

Il ne te reste plus qu'à fuir, frère, à fuir au plus vite. Viens! j'ai encore près de trois cents hommes avec moi, c'est une escorte imposante, fuyons vers le nord-est, gagnons la plage la plus prochaine... nous y trouverons bien un navire qui voudra prendre à son bord un roi d'une heure et sa fortune chancelante.

Don Paëz paraissait ne point entendre. Debout, la main sur la garde de son épée, l'œil étincelant, il écoutait les hurlements lointains du canon et considérait un tourbillon de fumée qui, dans la plaine, au sud-est, obscurcissait l'horizon du matin.

— Frère, répéta Hector, l'heure s'écoule, il faut fuir.

Alors don Paëz se redressa comme un chêne superbe que la tempête n'a courbé qu'à demi.

— Frère, dit-il d'une voix retentissante, sonore et pleine de majesté, naguère j'étais là-bas...

Il étendit sa main dans la direction de la vallée où flamboyaient encore les débris du castel mauresque.

— J'étais là-bas, reprit-il, avec cette femme dont l'amour fait ma perte, et le frère de cette femme dont la mort me fait roi. Les brasiers s'allumaient sur tous les pics de la sierra ; les armures des bataillons espagnols, s'avançant du nord et du sud; de l'est et de l'ouest, étincelaient à leur fauve lueur; le trépas montait vers nous comme une mer déchaînée qui, à l'heure du reflux, galope mugissante vers la grève et y surprend le pêcheur attardé. Alors cet homme qui vient de mourir se tourna vers moi et me dit : « Voici l'issue d'un souterrain qui aboutit à la sierra. Prends ma sœur dans tes bras et fuis. » J'hésitai et répondis : « Je ne fuirai que si tu me suis... »

— Eh bien ? demanda Hector...

— Eh bien ! frère, sais-tu ce que me dit Fernand ?

Hector regarda son frère avec anxiété.

— Il me dit, poursuivit don Paëz : *Les rois ne peuvent fuir !*

— Oh! fit Hector pâlissant.

— Je n'étais point roi encore, reprit don Paëz, et c'est pour cela que je lui obéis, c'est pour cela que je suis ici au lieu d'être enseveli sous les décombres fumants du castel.

— Et... maintenant? interrogea Hector qui tremblait.

— Maintenant, frère, je suis roi !

Et sans attendre la réponse d'Hector qui baissait la tête d'un air sombre, il s'avança vers la forêt, sur la lisière de laquelle les lansquenets s'étaient rangés en bataille :

— A moi! leur cria-t-il d'une voix retentissante.

— Où allons-nous ? demandèrent-ils.

— Vaincre ou mourir! répondit-il avec le calme et le stoïcisme de Léonidas.

— Eh bien, mourons! dit à son tour Hector, la mort, parfois, est une délivrance !

La gitana, blanche et froide, les regardait tous deux alternativement :

— Paëz, dit-elle enfin en jetant ses bras au cou de son amant, puisque tu veux mourir, mourons ensemble, je combattrai à ta droite, comme naguère, et je n'aurai pas besoin d'être frappée pour mourir, le coup qui t'atteindra me tuera.

— Eh bien ! dit-il, mourons, puisque nous nous aimons; mourons enlacés, la main dans la main ; que nos visages pâlissent et se glacent ensemble ; que nos cœurs, appuyés l'un sur l'autre, cessent de battre à la même heure ; que nos âmes, brisant leur enveloppe de chair et de boue, se fondent en un souffle et montent vers Dieu.

Il la pressa sur son sein une minute — une minute il entendit sourdre les sanglots d'ivresse qui soulevaient le sein de la gitana ; — une minute, il parut tout oublier...

Puis il se dégagea, courut au cheval qu'on lui amenait et sauta en selle.

Alors il ferma les yeux pour regarder quelques secondes au fond de son âme et soulever le voile déjà terne du passé ; il envisagea d'un coup d'œil son existence aux trois quarts gaspillée et prête à finir, et laissant errer sur ses lèvres un pâle et amer sourire :

— Voilà donc, murmura-t-il, ce que deviennent ces hommes en qui Dieu avait mis assez de force et de génie pour que d'une seule étreinte ils pussent ébranler le monde ; — un sourire de femme les tue!

Et tirant son épée, dont la lame étincela comme un éclair aux rayons du soleil levant, il poussa son cheval et s'alla placer à la tête de ses lansquenets mutilés, qui frissonnèrent d'enthousiasme à la superbe attitude de leur chef.

Mais, au moment, où la troupe s'ébranlait, un homme parut au sommet d'un petit coteau voisin, dans la direction de la vallée abandonnée par don Paëz durant la nuit. Cet homme agitait son turban blanc, qu'il avait déroulé et qui flottait comme un étendard au souffle du vent matinal.

Don Paëz l'aperçut et s'arrêta.

L'homme s'avança alors. Il marchait lentement, écrasé qu'il était par une sorte de coffre qu'il portait sur ses épaules.

C'était un Maure qui apportait à la princesse son coffre de rubis et de perles, et à don Paëz l'anneau royal de don Fernand. Elle baisa l'anneau avec respect, une larme trembla au bord de ses paupières ; et comme l'amour est d'un égoïsme navrant, elle oublia encore ce frère bien-aimé qui venait de mourir, et passant l'anneau au doigt de don Paëz :

— Te voilà vraiment roi, dit-elle.

Il secoua la tête :

— Roi pour une heure encore!

Elle tressaillit; puis attachant sur lui son grand œil noir qui fascinait :

— O mon Paëz, dit-elle avec enthousiasme, tu es fataliste, tu crois ton étoile éclipsée, mais à mon tour j'interroge la voix secrète de l'avenir qui semble vibrer au fond de mon cœur, et cette voix me répond que l'heure du trépas ne sonnera point aujourd'hui pour toi, que de longs jours te sont encore réservés, et que l'instant viendra où tu seras roi puissant.

— Roi des Maures, n'est ce pas? fit-il

avec amertume, roi d'une nation dont, à cette heure, on écrase les derniers débris? Roi de Grenade, leur ville sainte, dont, peut-être, en ce moment, on détruit l'Alhambra.

— Roi de Grenade ou d'ailleurs, des Maures ou d'un autre peuple, qu'importe! moi aussi je lis dans l'avenir, don Paëz, et à moi l'avenir répond que tu seras roi! Non pas un roi errant et vagabond, reprit-elle, mais un roi portant couronne en tête et sceptre en main, ayant sujets et courtisans, manteau brodé d'or agrafé à l'épaule, et sur le passage duquel les fronts se courberont aussi bas que les épis d'un champ de blé s'inclinent sous le vol de feu de la tempête.

Et la princesse, en parlant ainsi, avait le regard ardent, le front inspiré d'une pythonisse antique — et à sa voix entraînante dont Paëz redressa la tête et s'écria :

— Puisses-tu dire vrai, et que l'amour soit un talisman, car je t'aime !

Il fit un signe, et l'escadron des lansquenets, s'ébranlant, se précipita au galop, comme un ouragan de fer et d'acier, vers ces plaines lointaines où le canon grondait toujours, franchissant ravins et précipices comme une nuée d'aigles qui fondent sur leur proie.

Don Paëz ayant Hector à sa gauche et la princesse à sa droite, galopait au premier rang et murmurait avec orgueil :

— Si je meurs, j'aurai vu, au moins pendant quelques heures, les hommes à mes pieds, et cela me suffit !

CHAPITRE QUATORZIÈME

XIV

Laissons don Paëz tomber dans la plaine avec une petite troupe, et rétrogadons de quelques heures.

Don Fernand, éprouvé mais non abattu par ses pertes récentes devant l'Albaïzin, avait senti qu'il ne pouvait plus tenir la plaine, et reprenant la route des sierras, aux gorges profondes desquelles il voulait confier sa fortune pâlissante, il s'était replié avec son armée sur le petit castel maure où sa sœur l'attendait et où nous l'avons vu naguère voulant se donner la mort.

Quand il ne fut plus qu'à une journée de marche, don Fernand choisit une position fortifiée naturellement par des rochers escarpés, et fit camper son armée lassée sur un étroit plateau d'où il était facile de surveiller les menées de l'ennemi et d'éviter une surprise.

Puis, comme il aimait sa sœur d'une ardente affection, et que plusieurs mois s'étaient écoulés depuis qu'il ne l'avait vue, il confia le commandement de son armée à son second lieutenant, Aben-Saïd, car Aben-Farax avait été tué la veille dans une escarmouche, et il continua son chemin avec une escorte de deux cents hommes.

Nous savons ce qui lui était advenu.

L'armée, après un jour de repos, s'était remise en route à la nuit tombante.

Elle était forte d'environ sept mille hommes, et les chemins qu'elle prit se trouvaient si étroits et si difficiles, qu'il était impossible à une armée supérieure en nombre de lui tenir tête et de l'envelopper aisément.

La nuit était belle, quoiqu'un peu assombrie par l'absence de la lune; les bataillons marchaient en silence, et le bruit de leurs pas sur le gazon ou les rochers était si léger, qu'à un quart de lieue de distance et grâce à l'obscurité, il était impossible de soupçonner leur passage.

Vers minuit, cependant, les troupes d'avant-garde crurent apercevoir çà et là des ombres rapides se dérobant derrière les rochers ou glissant au travers des clairières ; mais elles étaient si peu nombreuses que la pensée ne vint à personne qu'elles pouvaient être autre chose que des bêtes fauves ou des chasseurs s'épiant mutuellement ; et l'armée continua à avancer.

Plus tard, les Maures étonnés virent briller soudain, sur les montagnes voisines, des feux qui s'allumèrent un à un ; ils commencèrent à être inquiets.

Un peu plus loin, les feux se multiplièrent, et alors les chefs ordonnèrent une halte pour tenir conseil.

— Nous sommes enveloppés, dit Aben-Saïd ; tenez, regardez derrière nous, les mêmes feux commencent à briller, la retraite nous est coupée; mais il est trop tard pour reculer, et d'ailleurs, nous sommes en nombre imposant; — une poignée d'hommes ne pourrait avoir raison de nous.

— Il faut plus d'une poignée d'hommes pour établir des signaux aussi nombreux, répondit un chef, et tout me porte à croire que des forces imposantes nous doivent attaquer; — mais qu'importe ! Dieu est pour nous, notre cause est juste, marchons !

L'armée se remit en route et arriva vers une heure du matin dans une étroite plaine fermée en tous sens par de hautes montagnes boisées, n'ayant d'autres issues que des vallées étroites, creusées par les torrents et les crues subites des sierras.

La plaine, déserte en apparence, était cependant emplie d'un vague murmure qui trahit aux oreilles des Maures la présence de l'ennemi ; et, en effet, à mesure que leurs bataillons avançaient, chaque touffe d'arbres s'agitait et laissait échapper un homme tout armé ; sur chaque roche grise remuait soudain un être vivant, et c'était un soldat espagnol.

Puis, soudain, les montagnes qui fermaient la plaine, sombres jusque-là, se couvrirent à leur tour d'une chevelure de feu, et, répondant à cette clarté subite, d'autres clartés livides et instantanées jaillirent des flancs de chaque colline et de chaque mamelon, suivies d'un fracas horrible qui ébranla les sierras dans leurs assises de granit. C'était le bruit de la mousqueterie et du canon. Les Espagnols engageaient le combat en mitraillant les Maures.

Alors ceux-ci, qui ne traînaient après eux que des pièces de campagne, dédaignèrent de s'en servir et ils attaquèrent, l'épée et le pistolet au poing.

Ainsi commença cette lutte, qui durait encore au point du jour.

D'abord les montagnes et les collines ne supportaient pas une armée plus nombreuse que l'armée maure; — mais, à mesure que les uns tombaient sous la mitraille et que leurs rangs s'éclaircissaient, les vallées dégorgeaient de nouveaux bataillons espagnols qui venaient grossir ceux qui avaient engagé l'affaire, tandis qu'aucun secours n'arrivait aux Maures.

Léonidas et ses trois cents Spartiates ne furent pas plus héroïques aux Thermopyles que ces hommes, écrasés par le nombre, qui défendaient à cette heure suprême et sans espoir de victoire, leurs foyers, leurs mœurs, leur indépendance, leur Dieu.

Ils combattaient à outrance et tombaient frappés en pleine poitrine, serrant leur épée dans leurs doigts crispés pour la conserver même après leur mort, le sourire des martyrs sur les lèvres, l'orgueil des héros sur le front.

Quand le jour vint, les trois quarts mordaient la poussière et les Espagnols étaient encore plus de vingt mille!

Aussi parurent-ils rougir de leur victoire, et comme s'ils eussent été honteux de combattre au grand jour, avec un pareil nombre, des ennemis ainsi décimés, ils battirent en retraite, laissant quelques bataillons encore frais pour achever d'écraser les vaincus.

Parmi les Maures encore debout était leur chef Aben-Saïd; le noble jeune homme avait fait des prodiges; couvert de plaies, ruisselant de sang, il était infatigable, et son épée paraissait convertie en une lame de feu qui foudroyait tout ce qu'elle touchait.

Ce fut alors que don Paëz et ses lansquenets tombèrent comme la foudre, ou plutôt comme une nuée d'archanges vengeurs sur le théâtre du combat pour en changer la face et les destinées.

Ranimés par ce secours inespéré et dont ils ne pouvaient s'expliquer le mobile, ils relevèrent la tête et une force nouvelle, celle de l'espérance et de l'enthousiasme, passa soudain dans leurs veines et raffermit leurs bras alourdis et lassés.

La lutte recommença, plus acharnée et plus terrible que jamais; mais, cette fois l'issue n'en pouvait être douteuse, et bientôt les Espagnols vaincus se débandèrent et prirent la fuite; le canon se tut, la fumée se dispersa et monta en spirale vers le ciel, sur l'aile d'un vent vigoureux. Alors les Maures étonnés aperçurent, au milieu d'eux, à cheval, tout poudreux et tout sanglant encore du combat, son épée rougie à la main, don Paëz grandi de toute la hauteur de la majesté royale et de tout l'enthousiasme du triomphe.

Don Paëz fit un signe avec son épée et réunit avec ce signe les principaux chefs qui survivaient encore.

A ses côtés, pâle et sanglante comme lui, comme lui l'œil étincelant de la fièvre de la victoire, se tenait la princesse, dont le cheval, frappé à mort, s'était naguère abattu sous elle.

— Maures, dit-elle alors, votre roi Aben-Humeya n'est plus; il est mort en roi, comme devait mourir le dernier des Abencerrages.

Un cri de stupeur douloureuse répondit à ces paroles.

— Nous n'avons plus de roi ! malheur à nous ! murmurèrent tous ces hommes qui n'avaient pas su pâlir en face du trépas.

— Le roi est mort, vive le roi ! répondit alors la princesse. Je suis la sœur de don Fernand et les femmes régnaient à Grenade.

— Une reine! firent ils avec accablement, aura-t-elle le bras assez fort pour brandir l'étendard de notre indépendance?

— Voici mon époux, dit-elle en montrant don Paëz, je le fais roi!

Les Maures tressaillirent..

Ils hésitaient et se regardaient encore, quand Aben-Saïd qui, percé de cent coups différents, avait sur le visage la pâleur du trépas, s'adressa à don Paëz et lui dit :

— Tu es brave, don Paëz ; nul jamais

n'en a douté et n'en doutera; mais tu n'es pas de notre nation et tu as combattu dans les rangs de nos ennemis...

— C'est vrai, répondit don Paëz ; mais le roi Philippe II, m'a insulté, et quand on a nom don Paëz, on ne pardonne pas une insulte! Je ne suis point de race maure, mais je ne suis pas non plus de race espagnole, et mes ancêtres portaient couronne au front. Votre roi est mort, me léguant son sceptre; je prends ce sceptre et je vous dis : vous êtes désormais mon peuple, et la dernière goutte de mon sang, la dernière pensée de mon cœur est à vous! Vous étiez tout à l'heure forts et redoutables; la mort a ravagé vos bataillons, dont il ne reste plus que des débris, — eh bien! avec les trésors que m'a légués votre roi, nous achèterons une armée, nous triompherons où nous succomberons ensemble, périr les armes à la main avec un roi à sa tête, n'est point le trépas pour un peuple comme vous, c'est un triomphe à l'heure présente, c'est l'immortalité dans l'avenir!

Et don Paëz était si beau et si fier en ce moment, il avait la tête si haute, le geste si noble, le regard si étincelant, que l'enthousiasme galvanisa ces hommes sanglants et mutilés qui foulaient du pied les cadavres de leurs frères, et qu'ils s'écrièrent d'une voix unanime :

— Vive don Paëz !

Alors Aben-Saïd, dont les premières brumes de la mort obscurcissaient déjà les regards, s'avança en chancelant vers don Paëz, mit un genou en terre et lui dit :

— Prends mes deux mains dans la tienne, en signe de vasselage ; je te fais hommage lige, et au nom des débris de ce peuple, dont j'étais le dernier chef, je te reconnais et te salue pour mon roi !

Et Aben-Saïd se releva ; Il fit deux pas

en arrière, et, d'une voix mourante, cria par trois fois, selon l'usage :

— Le roi est mort! vive le roi!

— Vive le roi! répondit la foule.

— A présent, murmura Aben-Saïd, puisque les Maures ont un chef, je puis mourir!

Et le noble jeune homme tomba pour ne plus se relever.

Don Paëz posa la main sur ce cœur dont la dernière pulsation venait de s'éteindre, et il dit :

— Dors en paix, jeune brave, les martyrs seront vengés !

Puis, tirant son épée :

— Maures! cria-t-il, vous avez eu raison de m'acclamer pour roi, vous avez eu raison de croire en don Paëz, — la journée de revers que vous avez subie coûteras cher à vos vainqueurs!

Alors, se tournant vers Hector :

— Prends, lui dit-il, dans ce coffre autant de rubis, de perles et de richesses qu'il en faudra pour acheter une armée; cours à Naples et dis à notre frère Gaëtano d'enrôler des lansquenets allemands, et des marins génois pour me venir en aide!

— J'irai, dit simplement Hector, et nous te sauverons!

CHAPITRE QUINZIEME

XV

— Pourquoi ce front pâli et cette lèvre crispée, ô ma reine ! pourquoi ce sombre regard que du haut de ces murs vous promenez à l'horizon de l'Océan ? Quelle douleur sans nom peut navrer votre âme, puisque j'ai pris vos mains dans la mienne et que je vous répète que je vous aime !

Ainsi parlait don Paëz, assis auprès de la princesse maure, devenue sa femme devant Dieu, — un soir d'automne, par un ciel nuageux et une mer orageuse sur les remparts de cette forteresse fameuse qui a nom Gibraltar.

Ce n'était plus le don Paëz que nous avons connu, l'ambitieux sans cœur et sans pitié, foulant aux pieds l'amour et le niant parfois ; mais don Paëz vaincu désormais, lié, garrotté par le sourire d'une femme ; don Paëz qui perdait son royaume ville à ville et bourgade à bourgade, sans en prendre nul souci et presque en se jouant ; don Paëz qui aimait enfin.

Il le lui avait dit à cette heure suprême où ils venaient d'échapper à la mort tous les deux ; ils avaient combattu ensemble, et côte à côte, pour délivrer les débris de l'armée maure ; à la tête de ces débris, ils avaient défendu le terrain pied à pied, se donnant la main comme il convient à des époux rois et guerriers, et ce n'était qu'après trois mois de lutte héroïque et de revers successifs qu'ils se trouvaient cernés enfin dans leur dernière place forte, sur un roc dont la mer rongeait la base méridionale, et qu'une armée de vingt mille hommes séparait, au nord, du reste de la terre.

Cinq cents hommes à peine demeuraient encore autour du roi don Paëz et soutenait le siége, converti en blocus par les Espagnols.

Les vivres commençaient à manquer; si Hector et Gaëtano n'arrivaient au plus vite pour ravitailler la place et y jeter une garnison imposante, c'en était fait de don Paëz. Le roi Philippe II avait demandé sa tête, et il la voulait avoir à tout prix.

Mais don Paëz n'y songeait guère ; don Paëz tout entier à son amour, ne regrettait plus son trône qui s'écroulait lentement ; et c'est pour cela qu'il disait à la princesse, avec un sourire :

— Pourquoi ce front pâli et ces lèvres crispées, puisque nous nous aimons ?

Elle prit sa tête brunie dans ses mains diaphanes, y déposa un long baiser et répondit :

— Si mon front est pâle, ô Paëz, c'est qu'il est le remords et le reflet de mon âme navrée, c'est que le remords et la douleur me torturent. J'ai joué, dans la vie, le rôle terrible de la fatalité, mon amour t'a perdu. Ce trône que je t'ai donné devient le marche pied de ton échafaud; cette tendresse dont je t'ai accablé, poursuivi, a jeté dans ton cœur d'airain une étincelle de faiblesse qui te conduit à ta perte. Je suis une femme ingrate et sans cœur, ô mon Paëz, car j'ai étouffé ton génie au souffle de mon amour, car je n'ai point compris que les hommes tels que toi doivent marcher vers leur but seuls et silencieux, sans prendre garde aux douleurs qu'ils foulent, aux âmes qu'ils brisent, ainsi que des prêtres saints qui s'isolent de la terre et de ses misères pour aller le front haut.

Je ne t'ai point compris, ô Paëz, car je me suis cramponnée à toi, car j'ai enchaîné tes bras noueux de mes bras débiles, j'ai enlacé ma vie à la tienne, et je t'ai perdu ! C'est pour cela que mon œil hagard interroge en vain l'horizon désert de l'Océan, cherchant la trace d'un pavillon sauveur et ne la trouvant point.

La princesse tremblait en parlant, et elle pressait de ses mains très blantes la main de don Paëz.

La nuit venait, enveloppée de ténèbres épaisses ; la mer, déchaînée, galopait vers le roc en lames hurlantes et raccourcies ; parfois un éclair brillait, sans fracas, dans le ciel lointain, — et le silence absolu de la forteresse, troublé seulement à de longs intervalles par le pas lourd et le *qui vive !* des sentinelles avait quelque chose de poignant qui allait à l'âme et serrait le cœur.

Don Paëz se tut une minute, une minute il parut en proie à une sombre et indicible douleur ; puis, tout à coup, son front se rasséréna et il répondit en attirant à lui la princesse :

— L'ambition, ô ma reine, est la passion dévorante qui étreint les hommes forts et les entraîne à travers l'espace, sans leur accorder jamais une heure pour sommeiller à l'ombre de cet arbre touffu qu'on nomme le bonheur ! L'ambition, c'est l'enfer des chrétiens, ce supplice sans fin et sans commencement, ce ver insatiable qui ronge, ce vautour qui dévore, à la cime d'un roc, le foie de Prométhée sans cesse renaissant. Le but vers lequel elle marche s'éloigne toujours, ainsi qu'un mirage ; la jeunesse croit l'atteindre, l'âge mûr espère y toucher, et la vieillesse, à son dernier relai, à sa dernière heure, pose un pied lassé dans sa tombe ouverte et murmure découragée : « C'est encore bien loin ! »

Le bonheur, au contraire, ô ma reine !

c'est l'ombre des haies du chemin, un jour de soleil, quand on est deux, la main dans la main ; le bonheur, c'est ton sourire un soir de tempête ; c'est ton amour, de l'aube naissante aux dernières clartés du couchant. Déridez votre front assombri, ô ma reine ! ramenez un sourire sur vos lèvres, un rayon d'espoir dans votre âme ; — assez longtemps j'ai mordu aux âpres fruits de l'ambition, je veux boire à longs traits à la coupe d'or du bonheur !

Elle l'interrompit brusquement :

— Insensé ! s'écria-t-elle, tu ne vois donc pas que la mort monte, lente et inexorable, vers nous ; tu ne vois donc pas que cette coupe où tu t'abreuves va se briser dans tes mains...

Un éclair déchira la nue, fit resplendir la mer jusqu'aux limites extrêmes de l'horizon, et la princesse poussa un cri de suprême joie, un cri comme en dut jeter le vieil Abraham quand le glaive protecteur de l'ange se plaça entre son glaive meurtrier et la poitrine de son cher Isaac ; — un cri qu'on n'entend en sa vie qu'une fois et qu'on ne redit point.

— La flotte ! la flotte ! murmura-t-elle.

En effet, à la lueur instantanée du feu céleste, elle venait d'apercevoir à l'horizon les voiles blanches de cinq navires courant des bordées vers la terre et luttant contre le vent.

— Oh! s'écria-t-elle, et cette fois avec une frénétique ivresse, déridons maintenant nos fronts assombris, épanouissons nos cœurs serrés, la coupe du bonheur, où nous puisons tous deux, ne se brisera point dans nos mains, car voici le salut!

Il se passa alors chez don Paëz un de ces étranges revirements d'esprit fréquents aux hommes à imagination ardente. Il venait de flétrir l'ambition, cette passion dévorante de toute sa vie; il l'avait hautement reniée, lui préférant l'amour; il avait paru vouloir rompre complétement avec son passé pour s'abandonner tout entier à une existence nouvelle... Eh bien! au cri de la princesse, à la vue subite de la flotte libératrice, tout un monde de pensées bouillonna dans sa tête et heurta violemment les parois de son cerveau.

Ce ne fut plus son amour sauvegardé qu'il aperçut dans cet avenir prochain que lui faisait l'arrivée de ses frères, son bonheur menacé qu'ils allaient protéger; — non, don Paëz ne vit plus qu'une chose, la restauration future de sa grandeur, le rétablissement du royaume de Grenade et le moyen assuré de contre-balancer une fois encore la puissance du roi Philippe II, désormais son mortel ennemi.

Ainsi sont les hommes ; il faut un abîme profond, lentement creusé, pour les séparer violemment de leur passion dominante ; un pont de roseaux jeté sur cet abîme en moins d'une heure, les en rapproche aussitôt et les réunit plus étroitement que jamais. Il avait fallu tout l'amour de la gitana, toutes ses larmes, toute son abnégation, la mort héroïque de don Fernand, trois mois de revers consécutifs et la perte de ses dernières illusions pour détacher don Paëz de son ambition ; — une lueur d'espoir, un flot rapide de tumultueuses pensées suffirent à renverser ce long ouvrage ; il redevint ambitieux, hautain, fier de lui-même comme autrefois, et il s'écria :

— J'ai cru mon étoile éclipsée, j'ai douté de moi, j'ai été insensé ! Cette flotte, cette armée qui m'arrivent, c'est plus que le salut, plus que la délivrance, c'est mon royaume reconquis, c'est don Paëz plus grand et plus fort que jamais !

Cette flotte, poursuivit-il avec exaltation, elle profitera sans doute, inévitablement, de la nuit sombre qui nous environne, elle abordera silencieuse, sans qu'un fanal brille à ses vergues, sans qu'un jet de lumière trahisse ses sabords.

Elle nous prendra avec elle, et puis, quand nous serons en pleine mer, elle saluera le duc d'Albe et son armée d'une salve moqueuse, et paraîtra fuir vers les côtes d'Afrique. Le duc d'Albe maudira ciel et terre, et se contentera d'occuper Gibraltar.

Moi, pendant ce temps, je débarquerai avec Gaëtano et les débris de ma garnison sur un point quelconque des côtes du royaume de Valence, où nul ne m'attendra... Alors, et sans m'arrêter, je marche rapidement sur Valence que je prends d'assaut; je laisse dans ses murs deux mille hommes et je poursuis ma course vers Grenade; les Maures, abattus un moment, se lèvent de nouveau à ma voix et grossissent mon armée; les places fortes qui se trouvent sur mon passage m'ouvrent leurs portes sans coup férir, ma marche devient un triomphe, et dans un mois j'ai reconquis tout le royaume de Grenade...

Un coup de tonnerre interrompit don Paëz; — la foudre rugit de nouveau, le vent, apaisé jusque-là, s'éleva tout à coup, mugissant avec une violence inouïe — et la mer vint se heurter aux rocs de la grève avec une fureur telle, que la princesse s'écria, frissonnante :

— Mon Dieu ! voici la tempête, et si la flotte amène à la côte elle y brisera son dernier vaisseau !

— Eh bien ! répondit don Paëz, ce sera pour la nuit prochaine.

— Oh ! j'ai peur... exclama-t-elle en montrant la flotte qu'on voyait s'avancer toujours à la lueur des éclairs multipliés.

— Peur ? fit-il avec un sourire et l'attirant sur son sein ; peur, auprès de don Paëz ?

Elle tressaillit à cette voix si mâle et si fière :

— Non, dit-elle, je ne crains rien, puisque tu m'aimes !...

La flotte avançait toujours, et don Paëz, à chaque éclair, la voyait courant des bordées et luttant contre le courant avec cette habileté particulière aux marins génois de l'époque

— Cordieu ! s'écria-t-il à son tour, si ces gens-là font cent brasses encore, ils sont perdus !

De larges gouttes de pluie commençaient à tomber ; le tonnerre et le vent disputaient les airs et les emplissaient de fracas; la mer écumante raccourcissait toujours ses lames, et le péril devenait pressant.

La sueur commençait à perler au front du roi, et il eût voulu voir à cent lieues de distance ces navires attendus si longtemps avec toute la fièvre de l'impatience.

— Ces hommes-là sont donc insensés? exclama-t-il hors de lui, ou bien ne sont-ils déjà plus les maîtres de leur manœuvre?

Il sembla que les cinq navires eussent entendu don Paëz, car, presque aussitôt, ils virèrent de bord et gouvernèrent de façon à s'éloigner de la terre et à reprendre le large.

Don Paëz respira.

— Les tempêtes, ici, murmura-t-il, durent rarement vingt-quatre heures ; demain, la flotte pourra mouiller, et nous serons sauvés, ajouta-t-il en regardant la princesse avec amour.

— Il était temps! répondit-elle, car nous commençons à manquer de vivres, de poudre et de boulets, et si l'ennemi tentait un nouvel assaut, nous ne pourrions résister.

— Il ne le tentera pas, il espère nous affamer.

Don Paëz fixa de nouveau son regard sur la mer et attendit un éclair.

Quand la foudre jaillit, il aperçut la flotte déjà dispersée par la tempête, la toile soigneusement pliée et disparaissant à demi dans le brouillard.

— Enfin! murmura-t-il.

L'orage allait croissant, et les époux-rois étaient exposés l'un et l'autre à ses âpres caresses, sans y avoir pris nulle garde; la pluie fouettait leur front nu, le vent s'engouffrait dans leurs manteaux, mais ils étaient tout entiers, elle à son amour, lui à son rêve un moment effacé et reconstruit depuis une heure.

Tout à coup un cri d'alarme, jeté par une sentinelle et que toutes répétèrent, retentit à travers les remparts et réveilla en sursaut la garnison qui s'était endormie sur la foi d'un prochain orage et des ténèbres de la nuit.

— Aux armes! criaient les vedettes, aux armes! l'ennemi!

Don Paëz crut voir le roc de Gibraltar s'effondrer sous ses pieds à ce cri terrible : l'ennemi!

L'ennemi! et il n'avait plus de boulets; l'ennemi! et cinq cents hommes à peine étaient autour de lui!...

L'ennemi au nombre de trente mille

hommes, l'ennemi lassé du blocus, qui voulait en finir à tout prix et avoir don Paëz mort ou vivant, profitant, pour tenter l'escalade, d'une nuit de tempête.

Et la flotte était loin !

Alors, de même que naguère il l'avait repoussée de ses vœux, don Paëz sembla maintenant l'appeler de toute la force de son désespoir, il interrogea la haute mer avec anxiété, ayant toujours pour flambeau les foudres du ciel qui se croisaient en tous sens; — mais, cette fois, l'horizon était désert, la flotte avait disparu, obéissant au caprice de la tempête...

— Oh ! s'écria le roi, poussant un cri de rage, la fatalité me suit.

— C'est mon amour qui te tue, répondit sourdement la princesse ; Paëz, tu avais raison, l'amour et le génie ne peuvent marcher côte à côte...

Un éclair de colère jaillit de ses yeux.

— C'est vrai, dit-il froidement.

— Eh bien ! reprit-elle avec l'enthousiasme de l'abnégation, prends la dague, Paëz, prends-la, et tue-moi.

Il frissonna et fit un pas en arrière.

— Frappe ! continua-t-elle en lui présentant le sein ; moi morte, peut-être triompheras-tu ?

Elle saisit elle-même la dague qui pendait à son flanc et la lui présenta.

Don Paëz sentit le délire gagner sa tête et voiler son regard; il prit l'arme, son bras se leva et fut sur le point de retomber...

Mais soudain il poussa un éclat de rire strident et jeta l'arme loin de lui.

— Je suis fou! dit-il.

Et prenant la princesse dans ses bras, l'étreignant sur sa poitrine, il l'emporta en lui disant :

— Viens! allons mourir ensemble comme des rois et des amants... allons unir notre dernier souffle et notre dernière pensée — l'amour est le plus glorieux des linceuls!...

Et alors la voix de don Paëz redevint vibrante et terrible, et parcourant le château, les remparts, les bastions, cette voix cria partout : Aux armes! aux armes!

Puis calme maintenant, froid, impassible comme tous les grands cœurs aux heures suprêmes, il donna ses ordres de combat avec précision, se fit apporter ses vêtements les plus beaux, ses armes les plus fines et son manteau de roi, voulant descendre au cercueil avec la pompe des souverains.

La princesse toujours près de lui, toujours à sa droite, était redevenue, en quelques secondes, cette femme énergique et forte qui suivait son époux en tous lieux; comme lui elle se couvrit du manteau royal et ceignit une épée, comme lui elle courut aux remparts recevoir l'ennemi.

L'heure des serments d'amour, des rêveries charmantes et des baisers sans fin était passée, celle du combat arrivait; et la reine des Maures devait se souvenir de la belliqueuse gitana.

La nuit était bien sombre, mais la foudre du ciel l'éclairait de minute en minute et montrait aux assiégés les Espagnols montant à l'assaut.

Ils avaient dédaigné de traîner des canons après eux, et la promptitude et le sangfroid qu'ils mettaient à combler les fossés avec des fascines et à ajuster des échelles, témoignaient de l'inébranlable résolution du général en chef, qui n'était autre que le farouche duc d'Albe, d'en finir d'un seul coup et de sacrifier au besoin dix mille hommes.

Don Paëz les reçut avec de la mitraille et des feux de mousqueterie qui leur firent éprouver un grand dommage dès la première heure ; — mais chaque soldat tué était remplacé, chaque échelle renversée était redressée à l'instant.

Les Espagnols se cramponnaient aux blocs de roche, grimpaient au talus des murailles, étreignaient une pierre en saillie et mouraient avant de tomber ; — et toujours décimés, toujours infatigables, sanglants, hachés, ils montaient sans cesse, les morts devenant un marchepied pour les vivants.

Don Paëz, debout sur le rempart, ayant la princesse à ses côtés, pointait lui-même un canon avec le sangfroid d'un vieil artilleur : chaque coup qui partait de sa main labourait les rangs espagnols et y creusait une large trouée ; mais la trouée se refermait soudain et l'ennemi montait toujours, montait sans cesse, recruté, raffermi par de nombreux renforts, tandis que les derniers lansquenets de don Paëz tombaient sans être remplacés.

Une partie de la nuit s'écoula ainsi au milieu de cette lutte homérique à qui les ténèbres de la nuit, les hurlements de la tempête et parfois les sinistres lueurs de la foudre imprimaient un cachet de poésie sombre et sauvage. Enfin l'ennemi atteignit le rempart et envahit la forteresse ; alors on se battit pied à pied, les haleines se croisant et la dague au poing.

Puis, du rempart, le combat gagna les rues, la forteresse elle-même, et l'on se battit de carrefour en carrefour, de corridor en corridor, et de salle en salle.

Et à mesure que don Paëz reculait d'un pas, les Maures et les lansquenets tombaient un à un, et puis encore il fut contraint de prendre sa femme dans ses bras et de l'emporter jusqu'à la salle basse d'une tour où il se barricada.

Cette tour était celle où la princesse avait placé le coffre de rubis et de perles entamé par Hector pour lever une armée. Le coffre servit, avec le lourd ameublement de la salle, à fortifier la porte.

Celle-ci fut bientôt criblée de balles qui continuèrent autour de don Paëz leur moisson sanglante; enfin la porte commença à être ébranlée à coups de hache et don Paëz se trouva tout seul avec sa femme, foulant les cadavres pantelants de ses derniers défenseurs.

Alors cet homme si brave fut pris du vertige, il eut peur! Peur, vraiment! car il lui sembla voir déjà l'échafaud qu'on lui dressait sur la plate-forme de l'Escurial et le bûcher où l'on traînerait la princesse comme une gitana infâme...

peur! car une pensée terrible éblouit son cerveau et lui fit prendre dans ses bras la princesse avec la frénésie de l'amour et du désespoir :

— Ecoute, lui dit-il, d'une voix entrecoupée... c'est la mort... il faut mourir... mieux vaut tout de suite... dans quelques minutes, il serait trop tard... la porte est ébranlée... elle cède... et les monstres ne respecteraient pas en toi la fille de dix générations de rois... Veux-tu mourir? dis... le veux-tu?

— Tue-moi! dit-elle, en découvrant sa poitrine d'un geste plein de majesté.

— Meurs, répondit don Paëz avec délire; mais avant écoute, et meurs heureuse. Je ne regrette rien en mourant, car mon âme et la tienne vont à Dieu enlacées; je t'aime, ô ma reine! et ton dernier baiser sera le talisman qui m'ouvrira le ciel.

Il la pressa sur son sein, leurs haleines se mêlèrent; ils vécurent de la même vie et leurs cœurs battirent l'un sur l'autre...

Puis don Paëz se dégagea brusquement de cette dernière étreinte, il leva sa dague et frappa.

La princesse tomba souriante et mourut sur-le-champ en murmurant : Adieu... je t'aime !...

— Je te suis, répondit don Paëz, qui jeta sa dague et prit son épée pour s'en frapper...

Mais soudain un bruit sourd, étrange se fit sous ses pieds. Le sol parut ébranlé, et tout à coup, comme il chancelait, une partie du parquet en boiserie vola en éclats, une hache apparut mettant à nu l'orifice d'un passage secret, un homme suivit cette hache...

C'était Hector!

— Il est temps, exclama-t-il, à moi! à moi, Gaëtano!

Gaëtano s'élança à son tour et arracha l'épée aux mains de don Paëz.

— Frère! frère! s'écria Hector hors de lui, un navire est au large; un canot est amarré au roc, et cet escalier, connu d'un marin génois, et qu'il nous a montré y aboutit. Viens, frère, viens!

Don Paëz lui montra le cadavre de la princesse.

— Elle est morte! dit-il, et je l'aimais!...

— Nous l'inhumerons en reine, frère, nous pleurerons avec toi... viens!...

Un éclair passa dans les yeux de don Paëz.

— Et la flotte, demanda-t-il, où est-elle? Peut-être pourrions nous vaincre?

— La flotte a été dispersée par la tempête et quatre vaisseaux se sont brisés.

— Alors, répondit don Paëz, quand on perd en un jour une couronne et la femme qu'on aime, il ne reste plus qu'à mourir.

— Frère, la porte va céder, il sera trop tard dans deux deux minutes... fuyons !

— Tiens, fit don Paëz avec calme, prends ce coffre, il est à toi ; et laisse-moi. Je suis roi, je veux mourir comme tel.. Les rois ne fuient point.

— C'est vrai, s'écria Gaëtano, les rois

ne fuyent point; mais avant d'être roi tu te nommais Jean de Penn-Oll, et tu avais fait le serment de dévouer ta vie à la restauration de notre race. Ta vie ne t'appartient pas, l'enfant n'est pas retrouvé !

Et les deux frères saississant don Paëz dans leurs bras, l'emportèrent dans cet escalier souterrain, qui devenait pour eux la voie suprême du salut !

FIN DES MARCHES D'UN TRONE.

TABLE

Des chapitres du deuxième volume.

		Pages
Chap.	IX.	3
—	X.	39
—	XI.	71
—	XII.	143
—	XIII.	221
—	XIV.	283
—	XV.	305

Fin de la table du deuxième volume.

Fontainebleau, — Imp. de E. Jacquin.

LA FAMILLE BEAUVISAGE
par H. DE BALZAC.

LA FILLE DE CROMWELL
par EUGÈNE DE MIRECOURT, auteur des CONFESSIONS DE MARION DELORME.

LE CAPITAINE ZAMORE
par le marquis de FOUDRAS et Constant GUÉROULT, auteur de ROQUEVERT L'ARQUEBUSIER, etc., etc.

LE CHATEAU DES FANTOMES
par XAVIER DE MONTÉPIN.

LE FOU DE LA BASTIDE
par madame CLÉMENCE ROBERT.

LE DRAGON DE LA REINE
par GABRIEL FERRY, auteur du COUREUR DES BOIS.

DIANE DE LANCY
par le Vicomte PONSON DU TERRAIL, auteur de la TOUR DES GERFAUTS, etc., etc.

Paris. — Imprimerie de GUSTAVE GRATIOT, rue Mazarine, 30.

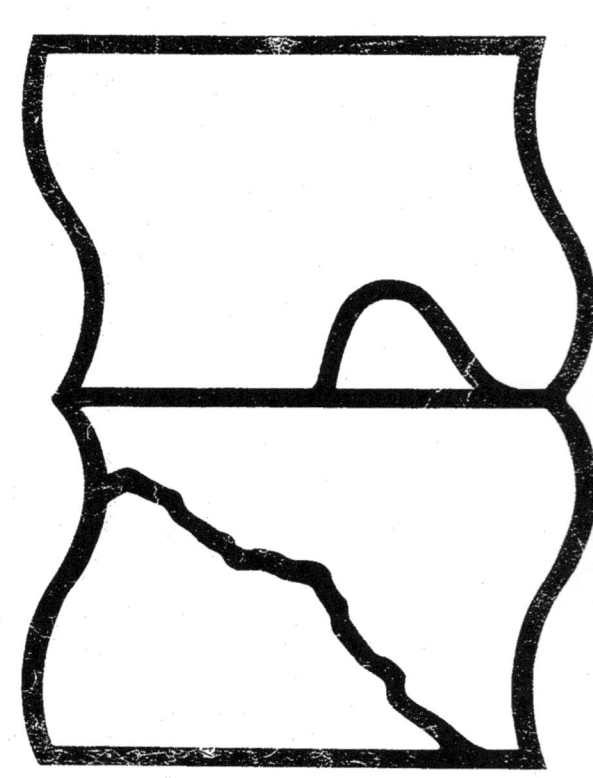

Texte détérioré — reliure défectueuse

NF Z 43-120-11

Contraste insuffisant
NF Z 43-120-14

www.ingramcontent.com/pod-product-compliance
Lightning Source LLC
Chambersburg PA
CBHW050757170426
43202CB00013B/2460